互联网金融平台的
风险监控与治理研究

尹 威 著

东南大学出版社
SOUTHEAST UNIVERSITY PRESS
·南京·

内容提要

本书致力于为金融科技领域的监管者、研究者和从业者提供系统的参考，帮助金融学、金融工程及相关专业本科生、研究生加深对互联网金融的理解和认识。

本书以互联网金融平台为研究对象，以风险机制、风险特征、风险溢出、风险评估、风险治理为主线研究了其发展演进趋势和规律，提出了治理方案。内容主要包括8个部分：第一，对互联网金融平台相关研究进行了综评，构建本书研究的理论基础；第二，总结和梳理互联网金融平台的发展历程和未来；第三，解构互联网金融平台风险事件的特征，分析了其形成的驱动因素；第四，探讨互联网金融平台对金融体系的风险溢出效应；第五，结合互联网金融平台的业务与风控，研究建立风险评估模型；第六，基于算法研究互联网金融平台个人信用的评估手段和方法；第七，解剖代表性互联网金融平台的数据治理结构，评价其数据治理水平；第八，提出互联网金融平台风险治理的对策建议。

图书在版编目(CIP)数据

互联网金融平台的风险监控与治理研究 / 尹威著.
—南京：东南大学出版社，2022.12
ISBN 978-7-5766-0558-7

Ⅰ.①互… Ⅱ.①尹… Ⅲ.①互联网络-应用-金融风险-风险管理-研究②互联网络-应用-金融监管-研究 Ⅳ.①F830.49

中国版本图书馆CIP数据核字(2022)第247755号

责任编辑：戴坚敏　　责任校对：张万莹　　封面设计：顾晓阳　　责任印制：周荣虎

互联网金融平台的风险监控与治理研究

著　　者	尹　威
出版发行	东南大学出版社
社　　址	南京市四牌楼2号　邮编：210096　电话：025-83793330
网　　址	http://www.seupress.com
电子邮箱	press@seupress.com
经　　销	全国各地新华书店
印　　刷	广东虎彩云印刷有限公司
开　　本	700 mm×1000 mm　1/16
印　　张	10.5
字　　数	214千字
版　　次	2022年12月第1版
印　　次	2022年12月第1次印刷
书　　号	ISBN 978-7-5766-0558-7
定　　价	53.00元

(本社图书若有印装质量问题，请直接与营销部联系。电话：025-83791830)

PREFACE 前言

作为曾经的"新生事物",经过较长时期的发展后互联网金融平台已逐渐成为主流的金融业态之一。随着金融业务的互联网化和"云上"金融的创新进程,互联网金融平台已是金融业务网络中的重要节点,并成为主导金融行业未来发展的主要力量。近年来,资本的退潮和监管的趋严使得互联网金融平台的发展迅速分化,拥有底层技术和业务逻辑支撑的平台继续引领着行业的创新和发展,而依靠概念热度和流量炒作的平台则成为互联网金融风险的反面案例。不同于传统的金融机构,互联网金融平台在政策、管理、运营、信用、法律等方面都具有独特的风险特征,其风险的传染与冲击的影响显著而深远,关系着整个金融系统的平稳健康发展,研究其风险效应的理论和现实意义也日渐突显。

针对传统金融机构的风险来源、构成与防控的相关研究已趋于成熟,但在金融科技的推动下互联网金融平台的快速演化和发展,使得研究其风险的理论体系仍然还处于不断探索和完善的阶段。一方面,在线模式、智能化和大数据的应用使得互联网金融平台具有独特的要素和属性,不能简单地套用已有风险防范的思路和方法;另一方面,随着金融机构之间的风险关联性日趋增强,互联网金融平台风险效应的影响更加复杂,外溢性也更加明显,需要通过系统的方式来进行有效的分析和评价。基于此,本书以互联网金融平台为研究对象,以风险机理、风险特征、风险测度、风险溢出、风险评估、风险治理为主线来研究其发展演进趋势和规律,结合经济金融系统数字化的进程提出构建风险治理体系的对策建议,以期为互联网金融平台风险的监控和治理提供可行的路径和方案。

本书共分为8个章节,主要研究内容如下。

第一章,围绕大数据技术运用、互联网平台价值形成、互联网平台的价值效应、互联网金融的风险与监管、互联网金融与数据治理等几个前沿热点对互联网金融平台相关研究进行了综评,构建了本书相关研究的理论基础。

第二章,总结和梳理了互联网金融平台的发展历程和现状,包括互联网金融的含义,互联网金融的典型交易模式以及互联网金融平台的类型等内容;结合宏微观发展环境剖析互联网金融平台的竞争优势,探析了金融互联网平台所面临的挑战和发展方向。

第三章,基于对互联网金融平台风险事件的剖析,着重探讨了互联网金融平台风险所具有的突发性、隐蔽性、难于监管等特征,并进一步从多维视角解构互联网金融平台风险事件的成因,分析其产生的驱动因素。

第四章,探讨了互联网金融平台对传统金融业的风险溢出效应和对区域金融的风险溢出效应的理论机制,通过构建 GARCH-Copula-CoVaR 模型、AR-MA-GARCH-Copula 模型、空间杜宾模型,结合中证互联网金融指数(399805)、中证银行指数(399986)、31个省市区域金融风险数据等数据对互联网金融平台的风险进行了测度,并实证检验了溢出效应的传导路径和渠道;同时,实证建模的方式方法也为互联网金融风险的实时监控提供了思路。

第五章,从信用风险、道德风险、监管风险、流动性风险等方面深入探索了互联网金融平台的主要风险点,并在此基础上建立互联网金融平台风险的评价模型,结合示例数据探讨了评级的方法,并对评价的结果进行了简要的分析,验证方法的有效性。

第六章,基于互联网金融平台个人借贷样本,结合个人和地区的数据建立了互联网在线借贷的信用评估模型指标体系,以聚类方法检验了该指标体系的有效性,并运用算法模型进行了个人信用的评估,为建立智能信用评分系统提供了一个思路和示例。

第七章,筛选了具有代表性的中国互联网金融平台,剖析其互联网应用的服务层级,总结这些金融平台的业务特征,解剖其数据治理结构,构建数据治理评价指标体系,评价其数据治理水平,在此基础上提出数据治理平台的搭建方案。

第八章，提出了"平台自控、行业自律、政府监管、社会监督"为一体的互联网金融平台风险治理体系构建思路，从互联网金融平台风险的组织治理、业务治理、数据治理等方面探讨了治理的方案，提出了相关对策建议。

本书源自作者主持的国家自然基金青年项目"基于大数据的互联网借贷平台价值研究"、江苏省社会科学基金项目"江苏打造具有知名度、影响力和竞争力的金融大数据平台研究"科研团队的部分研究成果。在本书的写作过程中，我的研究生肖博、赵启程、熊检、金意伦、程胜光、陈超逸、周子璇、陈紫菱、范桐梅、查欣等做了大量的资料收集、整理和分析工作，在此感谢他们的支持和付出！本书的完成吸收借鉴了许多专家学者的研究工作，参考文献都有列出，如有遗漏，敬请海涵。本书难免有疏漏或不足之处，恳请读者提出宝贵意见，以便今后进一步修改和完善。

感谢东南大学经济管理学院、东南大学金融安全大数据实验室、东南大学金融工程研究中心、东南大学金融工程与金融智能实验室等机构为我们的研究工作提供了良好的学术支持和氛围环境。

本书的出版得到了东南大学双一流建设经费的资助，以及东南大学出版社的大力支持，再次表达衷心感谢！

尹威
壬寅秋分于南京东南大学九龙湖校区

CONTENTS 目 录

第一章　互联网金融平台相关文献综述 …………………… 001
- 1.1　问题的提出 ……………………………………………… 001
- 1.2　国内外研究现状及发展动态分析 ……………………… 004
  - 1.2.1　关于大数据及其对互联网金融的影响与技术应用研究
      ……………………………………………………… 004
  - 1.2.2　关于互联网平台价值形成机制研究 …………… 006
  - 1.2.3　关于互联网平台的价值效应研究 ……………… 008
  - 1.2.4　关于互联网金融的风险与监管研究 …………… 010
  - 1.2.5　互联网金融平台与数据治理 …………………… 012
- 1.3　对现有研究的评述和研究趋势分析 …………………… 014
- 参考文献 ……………………………………………………… 015

第二章　互联网金融平台的发展历程和未来 ……………… 024
- 2.1　互联网金融平台发展背景 ……………………………… 024
- 2.2　互联网金融平台的发展 ………………………………… 026
  - 2.2.1　互联网金融的含义 ……………………………… 026
  - 2.2.2　互联网金融的典型交易模式 …………………… 028
  - 2.2.3　互联网金融平台竞争优势分析 ………………… 032
  - 2.2.4　互联网金融平台的类型 ………………………… 036
- 2.3　互联网金融平台的未来 ………………………………… 037
  - 2.3.1　互联网金融平台的发展方向 …………………… 037
  - 2.3.2　互联网金融平台面临的挑战 …………………… 038
- 参考文献 ……………………………………………………… 039

第三章　互联网金融平台风险事件特征与驱动因素 ……… 040
- 3.1　互联网金融平台风险事件分析 ………………………… 040

        3.1.1 泛亚与日金宝 ………………………………… 041
        3.1.2 e租宝 ……………………………………………… 042
        3.1.3 招财宝与侨兴债 ……………………………… 043
        3.1.4 蛋壳公寓与租金贷 …………………………… 045
        3.1.5 河南村镇银行取款难 ………………………… 046
    3.2 互联网金融平台风险特征分析 ……………………………… 048
        3.2.1 互联网及平台特性扩大了风险影响范围 ……… 048
        3.2.2 互联网金融平台风险事件具有突发性和扩散性 … 049
        3.2.3 互联网金融监管难度大,风险隐蔽性强 ………… 050
        3.2.4 互联网金融平台降低信息不对称风险效果有限 … 051
        3.2.5 主要风险种类随互联网金融发展周期变化 …… 051
        3.2.6 互联网和平台特性放大了垄断风险 …………… 052
    3.3 互联网金融平台风险事件驱动因素分析 …………………… 052
        3.3.1 政策变动、新冠疫情等宏观因素冲击 ………… 053
        3.3.2 互联网金融平台的资金期限错配问题 ………… 053
        3.3.3 互联网金融平台缺乏投资者适当性管理 ……… 054
        3.3.4 互联网金融平台准入门槛低 …………………… 054
        3.3.5 互联网金融平台缺乏风险控制和投资者保护 … 054

参考文献 …………………………………………………………………… 055

第四章 互联网金融平台对金融体系的风险溢出效应 ……………… 057
    4.1 研究背景 ……………………………………………………… 057
    4.2 文献回顾 ……………………………………………………… 058
    4.3 理论机制分析 ………………………………………………… 061
    4.4 实证分析 ……………………………………………………… 067
        4.4.1 模型介绍 ……………………………………… 067
        4.4.2 互联网金融平台对商业银行风险溢出效应的实证分析
            ……………………………………………………………… 070
        4.4.3 互联网金融平台对区域金融的风险溢出效应的实证
            分析 ……………………………………………………… 075
    4.5 结论 …………………………………………………………… 080

参考文献 ·········· 081

第五章 互联网金融平台的风险评估 ·········· 085
5.1 互联网金融平台的主要风险类别 ·········· 085
5.1.1 信用风险 ·········· 085
5.1.2 道德风险 ·········· 087
5.1.3 监管风险 ·········· 087
5.1.4 流动性风险 ·········· 088
5.2 信用评级模型评价标准与数据处理 ·········· 089
5.2.1 评价标准 ·········· 089
5.2.2 数据标准化 ·········· 090
5.3 评级模型构建 ·········· 096
5.3.1 层次分析法的构建 ·········· 096
5.3.2 熵权 Topsis 的评价模型构建 ·········· 101
参考文献 ·········· 108

第六章 基于大数据的互联网金融平台个人信用评分模型 ·········· 110
6.1 研究背景 ·········· 110
6.2 文献回顾 ·········· 111
6.3 理论框架与模型 ·········· 114
6.4 实验分析 ·········· 116
6.4.1 指标与样本 ·········· 116
6.4.2 指标有效性验证 ·········· 118
6.4.3 数值实验 ·········· 119
6.4.4 结果分析 ·········· 120
6.5 结论 ·········· 122
参考文献 ·········· 122

第七章 互联网金融的数据治理结构解析 ·········· 125
7.1 代表性互联网金融平台样本选择 ·········· 125
7.2 服务层级分析 ·········· 127
7.2.1 服务菜单功能剖析 ·········· 127
7.2.2 第一层级比较 ·········· 133

    7.2.3 第二层级比较 ·· 133

    7.2.4 第三层级比较 ·· 134

  7.3 12家互联网金融平台的企业特征分析 ····························· 136

    7.3.1 企业特征衡量标准 ·· 136

    7.3.2 平台企业特征的比较 ·· 136

  7.4 互联网金融平台的数据治理分析 ·································· 137

    7.4.1 数据治理水平的衡量标准 ····································· 137

    7.4.2 数据治理总体水平的比较 ····································· 139

    7.4.3 数据治理5项环节的比较 ····································· 141

    7.4.4 互联网金融平台的社会责任分析 ····························· 142

  7.5 互联网金融平台数据治理评价指标体系构建 ···················· 144

  7.6 互联网数据治理平台搭建方案 ····································· 144

  参考文献 ··· 146

第八章 互联网金融平台风险治理的对策建议 ···························· 147

  8.1 互联网金融平台风险治理体系 ····································· 147

  8.2 互联网金融平台风险的组织治理 ·································· 150

  8.3 互联网金融平台风险的业务治理 ·································· 153

  8.4 互联网金融平台风险的数据治理 ·································· 155

第一章 互联网金融平台相关文献综述

近年来,学术界高度关注互联网金融平台的演化与发展,在其运营、风险、效率、安全等方面形成了大量的成果。本章从互联网金融平台所带来的问题入手,对已有的代表性研究进行系统地梳理,形成本书的理论分析基础,并在此基础上探讨未来研究的方向。

1.1 问题的提出

随着现代信息技术的发展,社会经济活动变得日益互联多元,许多传统的社会经济行为能够用数据化的语言来表达,形成海量多维的数据资源。社会经济行为的数据化表达正引领人们进入大数据时代,在经济以及商业领域中,行为决策逐渐由主观的经验直觉转变为基于数据分析得出的结果,其中包含许多潜在的技术发展和创新观念,数据的重要性对人们的工作生活日趋明显。这些大数据资源与现代信息技术的商业化结合大力促进了"大数据"产业链的生根落地和蓬勃发展,企业得以利用物流配送和电子商务等领域创新运营模式,开展新型业务。大数据不但能够提升公司的经营效率,而且能够通过新一代的信息技术,如大数据,来改变企业的经营方式和运作方式。特别是在企业的激烈竞争中,大数据是企业进行战略决策的基础,也是决定企业经营决策的关键因素。利用新一代的信息技术,实现企业内外数据的集成,使其成为一个完整的数据资产,从而使企业的价值链得到优化,实现业务模式的升级。在数字经济时代,企业要想获得更好的发展,必须要进行数字化转型,提高企业的质量和效率。

大数据与互联网相伴而生,基于互联网平台形成大量的数据资源,带来了巨大的商业机会。近年来互联网借贷平台在我国得到了迅速的发展，取得了非凡的进步，为中小微企业融资难提供了一个非常好的融资途径，解决了中小微企业营运资金需求方面的问题，得到了政府和社会的广泛认可。在大数据时代，以技术为支撑的电子商务平台，为中小企业提供了空前的资金来源，需要进一步加强技术保障，确保数据的安全性，确保用户的最佳体验，为中小企业提供最可靠的服务。"互联网+"模式在2015年3月的"两会"报告中首次公开面世，这一模式将互联网、大数据、物联网等新兴技术得以与现代制造业融合发展。

目前互联网借贷平台的主要功能是在线借贷平台网络贷款、众筹融资，以及发挥企业和银行电子商务借贷平台的功能。在中小企业面临融资困难时，在线借贷平台为中小企业提供了一种新的融资方式，通过这种方式，可以使资金与投资人之间的联系更加紧密，从而使资金流动更加快捷，从理论上讲，这对于中小企业是非常有利的。在线借贷平台虽然发展迅速，但也存在着诸如跑路、倒闭等问题，对其可持续发展产生了很大的影响。在这些问题中，有一部分是因为没有严格地控制信贷风险，导致银行无法及时处置不良资产，最后被银行挤占，导致银行倒闭。互联网借贷平台是经济离散化解构之后的重构方式，而大数据也是将市场环境数字化，进而实现行业数据从量的累积发展为质的改变，发现市场机会，提升平台价值。因此，在促进金融创新的同时，加强对金融的监管，确保其健康、持续发展，已经成为人们普遍的共识。

大数据作为一种新兴的资源处理手段，具有解析信息和放大价值的作用，以实现平台价值再创造的功能，如何达成这一目标也是亟待解决的问题。大数据数据量巨大、增长速度极快等特点容易造成"重创造轻利用""重数量轻质量"的情况，充分发挥大数据非结构化的优势，利用先进的算法合理有效地整合数据中的潜在资源。同时需要指出的是，互联网平台具备无约束的权利，可以轻易地脱离传统金融的监管体系，损害社会经济和用户权益的事件屡有发生，提高对互联网平台的监管水平以及监管方式已迫在眉睫。针对目前我国金融监管体制中存在的问题，提出了以"一体化监管"为核心的新型金融监管体制，通过科技监管的方式实现对金融服务的穿透性监管，健全征信体系，促进金融市场的健康发展，保障金融消费者的合法权益。

由于我国经济增速的下滑，国际经济增速的放缓，近年互联网借贷平台出现了个别跑路的问题。对互联网金融平台的治理应从安全效率相协调、自治权和监管权相均衡等角度着手,如何在我国新一轮经济增长中有效实现政府号召的"互联网＋"行动计划的效能发挥,特别需要我们以大数据作为出发点,深入挖掘互联网借贷平台的价值形成机制以及探究其平台风险管控能力在何种程度,将数据治理模式引入互联网金融的发展中,从多方位、多角度确保互联网借贷平台的稳健可持续发展,在接下来的经济增长中发挥更大的效能。互联网金融作为传统金融业的有力补充,在引领金融发展、激发高效创新方面有着重要的推动力量。在安全、公平与效率相协调的指引下,推动互联网金融平台更好地发展,为传统金融的发展提供新的补充。网络理财产品的迅速发展,是当今世界经济和社会发展的必然趋势。随着数字化和信息化的发展,新的金融技术和新的业态和模式不断涌现,对金融行业的发展产生了深刻的影响。

需要我们进一步思考的问题是,单一互联网金融平台价值的最大化是否一定带来较高的借贷市场发展水平呢?事实上,基于大数据的互联网金融在对借贷行业产生激励创新、优化配置和促进技术结构升级等积极影响的同时,也会通过数据独占的"消费者锁定效应""数据寻租"以及无序竞争带来的市场混乱等负面影响来阻碍行业的发展,互联网的隐蔽性也使得金融风险逐渐多样化。从商业价值来看,大数据改善了传统借贷中的信息不对称性,借贷平台中的数据不对称性导致了更强的"锁定效应"。而平台对数据的独家持有也为其实现"数据寻租"提供了支持,互联网金融行业的初步发展以及行业规范的不完善使得数据的使用尚缺乏制度性的保障。从市场价值来看,当前缺乏监管的无序市场竞争已经带来了很多问题,比如市场投机行为导致的无法兑付的高回报率、道德风险、找门路逃避监管行为等。如果仅仅依靠行业的自律,征信体系的缺失和数据的不共享有可能会导致局部的垄断效应和市场的"柠檬化",机构之间缺乏信息共享是导致互联网金融体系存在信用风险的主要原因之一,各平台在"信息孤岛"上无法有效地利用信息,多头借贷等问题容易引发道德风险。但是,在放款人的观点中,信息分享会大大增加他们所掌握的借款者的信息量,从而降低了放贷标准,提高了信用额度,进而提高了市场违约率。从社会价值来看,"无准入门槛、无监管政策、无行业标准"的互联网金融模式屡发平台倒闭、跑路的风险,互联网借贷行业呈现出大潜力、高风险的特点。因此,为保障该行业健康发展,亟须构建一个互联网借贷平台的风险监控体系。

1.2 国内外研究现状及发展动态分析

自 2013 年起,中国的网络金融发展势头超过了人们的预期,并获得了一定的规模。对互联网金融模式、大数据、互联网平台和互联网金融监管研究领域已有较多研究,相关研究成果丰硕,并细化到各分支领域,相关文献大致可以划分为以下几类。

1.2.1 关于大数据及其对互联网金融的影响与技术应用研究

得益于互联网迅猛的发展劲头,大数据时代应运而生,因此对于大体量数据的可获得性大大提高,这对数据的管理和研究提出了新的挑战。《中共中央 国务院关于构建更加完善的要素市场化配置体制机制的意见》在 2020 年颁布,明确了数据是生产要素的第 5 类。数据已成为经济发展的重要基础,并且作为生产要素帮助金融机构提升金融服务的质量,改变了传统金融产品的形态与内容。Sam(2012)认为大数据具有数据太大、太快和太难的特征,以至于无法被现有的工具处理。这个提法还与咨询公司 Gartner 所提出的大数据具有规模性、多样性和高速性三大特点基本一致。大数据的最大特征在于其对数据的分析与处理能力,主要是通过数据的累积以及相关的算法来收集和反馈数据。另外,数据传输速度也大大提高,这意味着我们能够更快、更全面地收集和分析越来越多的可用数据,数据分析也变得越来越复杂。大数据的数据规模不仅仅是一个固定的数据,而且是一个不断累积的数据,这就需要对数据的处理技术方法进行新的研究。金融科技的发展改变了原有数据加工与收集的方式,打破了资源在时间和空间中的限制,逐渐具有无限可得性,这也为金融发展以数据形式描述奠定了基础。

大数据时代的到来使得市场咨询机构和研究者们都意识到了其所蕴含的巨大潜在价值,如何以大数据管理和分析系统作为平台来进行信息的存储、收集和分析成为一个热点和极具应用价值的话题(Borkar et al.,2012)。这种趋势已经在学术界逐渐形成,而以数据为导向的策略研究、经营管理、营销研究以及实务辅导等都将是今后研究的重点。李国杰等(2012)指出网络数据具有数量大、非结构化、随机性等特点,相较于传统数据的获取成本较低,但其数据的相对价值也较低。从这些条件来看,社会科学领域中大数据分析方法的应用,比自然科学实验的数据分析难度更大。在社会科学领域中,互联网金融借贷平台是大数据应用的主要领域之一(徐晋,2014)。通过大数据与云计算技术,不但能够获取用户的个人信息(包括信用信息),而且能够获取企业在互联网金融乃至民间金融领域的金融信息。而金融监管平台则是将大数据和监管模式结合起来,对金融监管起到辅助作用,从而推动金融市场的健康发展。虽然在数据挖掘的技术层面方面已有较多方法,如接口易用、不受运行平台限制的 RapidMiner 方法(Hall et al., 2009),以及具有平台独立性、基于 Hadhoop 的分布式数据挖掘方法 Mahout(Owen, 2011)等,但如何将数据处理方法有效移植到互联网金融领域仍然是值得研究的问题。因此,如何在技术层面实现大数据的搜集与挖掘成为研究的热点。

　　大数据时代中的互联网金融研究有了许多新的方式。蔡瑶等(2022)将面部特征大数据引入网络借贷平台的信用风险评估中,利用深度学习技术分析用户面部特征,构建出的新型信用风险预测模型在实际问题中明显优于传统的违约风险预测模型。在数据爆炸式增长和多样化趋势越来越显著的情况下,Wu 等(2014)从数据的整体出发,提出了数据的 3 层结构,包括数据的隐私权和领域知识、数据访问与计算、数据挖掘等,并构建了一个大数据挖掘模型。Jiang 等(2014)构建了一个由数据存储和数据资源分析,数据资源识别、挖掘和获取,数据信息服务支撑平台 3 个主要部分组成的大型数据资源服务平台,并设计了通过用户和软件行为数据进行分析的网络金融交易系统,从而实现对数据信息实时监控以及交易等情况的动态展示。李炳乾(2014)提出了 Apriori 算法理论支撑融资平台的实际需求,选取对等在线借贷平台网络的聚类中心并进行关联性分析,将数据进行"连接"和"剪枝",构建以大数据为关键特征的挖掘模型。

　　市场信息不对称通常会造成传统借贷市场存在逆向选择和道德风险问题(Jensen et al., 1976),逆向选择表现为借款人提供虚假信息获得贷款,道德风险表现为这一高风险借贷的违约,而这一概念随后被抽象为经典的经济学模型(Stiglitz et al., 1981)。信息不对称风险一直作为互联网金融监管的重难点,提供有效的信息服务可以协调多边主体优化市场信息配置,解决信息不对称的难题(许恋天,2021)。大数据技术在信息收集和数据挖掘方面具有较为明显的优势,可以用来降低借贷中的信息不对称性,从而提升互联网金融领域借贷风险的可控性,实现金融资源的有效配置(巴曙松,2013;徐晋,2014)。

从上述文献中可以看出,目前学术界主要关注的是大数据技术及其对网络金融的影响,而随着大数据时代的来临,关于大数据技术的研究与应用也越来越多,因此,关于网络借贷平台的复杂性和大数据特性的研究相对较少。当前,有关大数据的研究还处于宏观层面,而以大数据技术为基础的研究和应用还有待进一步深化,并在产业内部和微观层次上进行研究和应用。随着大数据时代的到来,网络数据的迅猛发展,海量的数据如何有效地进行抽取与表达,已成为越来越多的研究者所关心的问题。我们认为,对于数据的平台支撑、互联网信贷平台模式与数据之间的分析是必要的。

1.2.2 关于互联网平台价值形成机制研究

互联网平台的价值是通过积累平台资源与财务资源,实现投资与运营的良性循环,是利用风险资本扩大投融资规模,从而积累资源创造价值。平台的收益情况是其经营水平和可持续发展的重要指标。平台越大,规模越大,就会有更大的市场竞争力,这就是一个良性循环,可以让公司的利润更高,也可以压缩竞争对手。平台的资金流动越快,运营效率越高,反之则说明资金周转困难。这就需要有较强的资金实力和开拓市场的能力,而缺少这样的人才,往往难以形成自己的经营模式。互联网企业的价值形成过程包括价值创造和价值增长两点(段文奇 等,2018)。平台企业的价值驱动因素可以由分解出的可测度变量进行度量(金帆,2014),因行业或企业特征的不同,使得价值驱动因素存在差异(罗菲,2007)。影响互联网企业价值创造的2个重要影响因素是财务指标和非财务指标。财务驱动因素显示出公司的内在价值,包括盈利能力、营运能力、偿债能力和发展能力为主的基础价值(Santosuosso,2014)。非财务指标更好地体现了企业的实际价值,对价值评估和计量等更具操作性(Gompers et al.,2003),成为互联网企业估值研究的重要角度之一,非财务指标主要包括管理能力、用户资源和战略网络等。经营能力主要依赖于企业在资源的投资中产生的相对效益(Demerjian et al.,2012),互联网企业预期发展前景也与投资效率高度相关(Luo et al.,2010)。Mahdiloo 等(2011)从创造收入的角度对用户在公司价值中的影响机制进行了分析。Sun 等(2009)则通过动态系统的方法来说明使用者是稀缺的资源。

非财务指标主要的理论基础包括交易成本经济学(Matook,2013)、战略网络理论(Ordanini et al.，2008)、资源基础理论(Hallen et al.，2012)等。学者从金融和非金融两个角度分析了互联网公司首次公开募股(IPO)的上市价格,发现财务因素对上市公司的定价影响不大,而非财务因素如网络流量对IPO定价具有很大的影响。对互联网平台企业价值影响因素的研究方法主要涉及:数据包络法(Wang，2012)、期权定价(Aggarwal et al.，2009)、因子分析(Demers et al.，2001)、实物期权法(黄生权 等,2014)等。当前研究注重方法上的创新,少有文献从理论上研究非财务指标对互联网企业价值的影响机制与途径,没有较好地阐述财务指标与非财务指标之间的直接与间接关系,只有辨识出两者关系才能揭示企业的价值创造过程。

  从网络经济发展缘起的角度看,大数据和平台之间有着天然紧密的关系(Sam,2012),大数据不仅是平台发展的数据支撑,还具备平台起步的商业基础(徐晋,2014)。国际数据公司(IDC)提出大数据除了规模性、多样性和高速性的特点外,还应该具有价值性。大数据的价值在于通过高速捕获、发现和分析技术,从大规模的、多样化的数据中提取数据。当数据在体积和复杂性方面变得不可抵挡时,需要创新的技术来提取数据的含义,并将其转换成有价值的信息。数据采集、存储、分析技术是近几年发展起来的,但是由于这些技术的复杂性日益增加,其无法得到有效利用。各种新模型、新技术、新应用的出现,对计算机的计算和存储能力提出了更高的要求。在互联网借贷行业如何有效地进行数据的价值挖掘是一个棘手的问题。数据本身没有任何价值,只有利用数据提供的服务才有价值。数据本身就是一种事物的特性,分析和整理数据,才能更好地反映出数据中蕴含的信息。要实现数据的最大效益,关键还在于数据的分析和应用。通过对数据的大量分析,可以得出一些意料之外的结论,从而使其具有很高的商业价值。基于互联网的商业快速发展,平台被引入经济学的研究中,平台经济学的基本概念被学者提及(Evans，2003;Rochet et al.，2003;Chakravorti et al.，2006;徐晋 等,2006)。互联网借贷平台主要是为贷款人与投资者之间构建了一个交易平台,通过网络的途径基于信用进行的借贷交易,而非采用传统的金融机构(Lin et al.，2013;Funk et al.，2011),因此,平台的交易价值是研究的重点之一。

  不仅借款人的信用评分、负债偿还比例等因素对重复借贷有显著的影响(Puro et al.，2010),与此同时软信息也会对借贷交易行为产生一定的影响。Duarte 等(2012)通过对个人借贷进行研究,得出了"长相越值得信任的人越容易获得贷款,且贷款利率相对较低"的结论。刘志明(2014)通过对该平台的贷款项目进行分析,结果显示,在贷款过程中,情感强度、需求信息的信息以及审贷机构的专业性质等都会对贷款的发放产生正面影响。王会娟等(2014)也对贷款平台进行了调查,结果显示,信用等级越高,贷款的成功率就越高,贷款的成本也就越低。Osterwalder等(2011)提出了9个业务模型的基础架构,包括客户细分、价值主张、客户关系、核心资源、关键业务、重要合作、渠道通路、收入来源、费用构成。这9个方面的模块都可以通过大数据资源实现价值的提升。Evans(2011)指出分析平台商业模式对平台的吸引性、均衡利率、多属性、扩展性和流动性至关重要。徐晋(2014)提出大数据经济商业模式的核心在于价值关联模式,而价值的关联需要在平台上实现。邱甲贤等(2014)从个人借贷平台的角度出发,研究平台中客户网络外部性和平台定价策略两方面因素对平台收入会产生何种作用,作者得到的结论是:客户价格弹性和网络外部性都会因平台的发展而同步发生改变,该研究特别提醒在运作初期快速发展阶段,这种变化将会提高平台运营的难度。

从以上文献分析中可以看出,现有研究大多局限于互联网平台价值的某一方面,缺乏对平台价值体系的分析。实际上,平台的商业价值、市场价值和社会价值形成机制共同构成了平台的价值效应。

1.2.3 关于互联网平台的价值效应研究

借贷平台的价值效应包括商业价值效应、市场价值效应和社会价值效应等方面。徐晋(2013)指出平台的盈利模式也遵循一般商品生产者对利润最大化的基本诉求和行为特点,本质上也是趋利避害、最小化成本、最大化收益的一个过程。在市场价值的研究中,Rochet 等(2006)研究发现平台的交易量受到向交易一方征收更多的费用而减免另一方相同费用的影响,有利于消费者的定价结构,对平台的盈利也非常重要。Armstrong(2006)设定产品的异质性对平台竞争进行了分析,他们发现在均衡中平台通过补贴买家的方式间接参与竞争,而非直接竞争卖家,从中可以发现消费者在平台竞争中可以获得额外的价值补偿。Armstrong(2006)对垄断平台、竞争单一客户关系平台和竞争多属关系平台进行了定价分析,研究发现均衡的价格受消费者跨组间外部性、价格一次性征收或计次征收以及消费者单一平台或是多属平台关系选择的影响。Armstrong(2006)为了防止卖家从属关系的发生,将"独占合同"的概念引入市场中。廖理等(2014)针对互联网借贷平台投资者风险识别的行为进行了研究,他们发现投资人能够有效地识别平台提供的信息并规避违约风险。廖理等(2015)对投资市场的跟随现象进行研究发现,"羊群效应"会随着投资者获取信息的减少逐渐消失,再次证明了市场中理性投资人的存在。张庆君等(2020)实证检验了互联网金融有助于缓解金融错配问题,合理引导和完善互联网金融的发展能够更好地服务于实体经济。互联网金融在解决信息不对称性和提高金融效率等方面具有极大的优势,可以作为对传统金融机构作用的补充(王聪聪 等,2018)。鉴于数据总量的增加会降低价值密度这一规律,大数据的价值效应需要数据有效解构和处理的支持(Jeanne et al.,2012)。

合理投资者在网络金融中的存在,将会促进利率市场化,促进传统贷款市场的融资资源配置,从而拓宽融资渠道,改善融资结构,分散风险。谢平等(2012)认为通过降低交易成本、提高资源配置效率来推动宏观经济的发展是一条可行的途径。互联网金融虽然在初期可能会遭遇一些困难,但发展前景很大。从促进健康发展到规范发展,可能会有一些平台不具备相应的能力,但这也让更多的平台看到了互联网金融的潜力。随着互联网金融的快速增长,这一新兴的商业模式必然和传统金融机构之间产生竞争,这对于传统金融机构或是互联网金融平台都是不可避免的。互联网金融是一种新事物,应顺应潮流,因势利导,以积极的态度对待新的商业模式。也有观点认为互联网借贷不会对传统金融造成冲击,因为两者在借款数额、风险管理和审批制度等方面有太大的不同(Funk et al.,2011),其对传统借贷市场是一个有力的补充,尤其对于中小借贷者(Iyer et al.,2009)。当然,商业银行也能利用互联网借贷平台获得新的发展,从而惠及小微企业(巴曙松,2013)。Fang等(2014)针对中国互联网借贷平台发展趋势提出了借贷平台系统构建方式的相关建议,他们指出互联网金融借贷平台系统建立能够带来三方面的价值溢出:第一是提高了互联网借贷的云计算标准;第二是降低了平台借贷的成本;第三是改善了网络借贷下资金流动的风险控制机制。Berger 等(2009)通过对互联网金融平台14 000组借贷进行实证研究后发现金融平台在市场起到了金融中介的作用,而这种中介的服务能够有效地提升借款人的信用状况。

以上文献几乎是针对某一具体方面进行研究,其中以社会价值效应的研究居多,但真正有价值的实证研究却很少,如果想要进行这方面的研究,还需要一些高质量的研究成果。大多数价值效应的研究都没有涉及平台价值的定量测度,但可以为今后的研究提供一些思路和启发。

1.2.4　关于互联网金融的风险与监管研究

大数据时代的互联网借贷平台为经济带来了更多的创新、产出和增长,有关个人隐私的数据安全问题也随之得到广泛的关注(Brown et al.,2011;Kuner et al.,2012)。因此,在保障个人信息安全和促进信息自由流通的过程中,应正确处理好信息流通和保障个人信息安全的关系,在大数据发展和个人信息保护中找到一个平衡点。随着信息时代的发展,网络中的信息媒介交流日益频繁,个人信息泄露的案件层出不穷。由于信息的获取过于随意,个人信息的保护变得非常困难。Tene 等(2012)就提出大数据的处理需要在商业利益、研究者获得和个人隐私之间形成一个有效的均衡。除了数据之外,互联网金融产业本身的发展也存在着风险和监管盲区,比如借贷审核技术风险、中间账户风险和流动性风险等等(王会娟,2015)。邓东升等(2019)研究发现,网贷平台投资者对产品具备较强的防风险意识,但仍无法判断具备的风险意识是否足够。将互联网金融纳入金融市场的监管流程,加强对互联网金融的宏观审慎监管(岳彩申,2021)。Yang 等(2018)指出互联网金融需要在符合市场逻辑中进行有效监管,可以利用信息机制和大数据减少信息的欺诈和摩擦,确保市场公平竞争。Wang(2021)将大数据信用调查与传统信用调查进行对比,认为前者优化了金融机构的风险管理流程。

为营造良好的互联网环境,各主要网站都加强了对不良信息的处理。如何对媒体进行规范,让其重新走上良性、健康的发展道路,是当前我国互联网金融面临的一个重要问题。宫晓林(2013)认为保持创新性可以促进互联网金融持续、健康发展,企业应主动加强系统安全建设。安邦坤等(2014)指出应将互联网金融行业中消费者的利益保护放在重要位置,追求效率与公平并存。在线借贷平台有效缓解了中小微企业融资难的问题,在交易便捷性和广泛性上有一定的优势(冯博 等,2017),但其在发展初期未能有效解决自身固有问题,如信息不对称和信息披露不完善(向虹宇 等,2019)。Davis 等(2009)指出政府在鼓励在线借贷平台发展的同时必须在经济发展、对外援助、慈善机构和消费者金融等领域实施严格的监管,确保其中的私人利益以及公共利益不受侵犯。Slattery(2013)也提出在线借贷平台为消费者的借贷和投资提供了一种新的方式,但监管是必要的观点。王达(2014)

认为传统金融行业的竞争格局已逐步完善,受到互联网金融的影响较小。

在对金融风险研究的同时,还要重点关注对不正当竞争与垄断的界定与监管,深入研究新兴网络领域中行业标准制定等方面的问题。杨虎等(2014)强调并提出了一个依靠"数据"为主导的互联网金融风险监控体系,该设计原则包括数据的收集、提取、分析和解释等环节,为企业的风险监管体系提供支持。巫文勇(2022)主张摒弃互联网平台去监管化的思想,将具有较多虚拟危险源的金融平台纳入金融监管的范围中,建立与互联网发展相适应的信息披露制度。高宇等(2022)针对在线借贷平台行业研究发现,监管方在行业发展不同时期表现为不同的监管模式,前期建立基础性监管框架进行风险防范,后期保持一定强度的监管状态进行风险管控。张成虎等(2022)从犯罪经济学角度剖析了互联网金融平台的运作,通过演化博弈研究发现防范互联网金融犯罪需要从平台内外同时入手,一是提升平台的核心竞争力进而降低运营成本,二是增强公共媒体对平台犯罪的报道力度进而约束犯罪倾向。

此外,在保证互联网金融健康发展的前提下,努力构建完善的征信体系也受到了各方的重点关注(刘芸 等,2014;Shu,2014)。近年来,我国的信用信息服务已由人民银行内部联网逐步拓展到因特网。随着移动互联网的迅速发展,整个行业已经形成了海量的网上交易和行为,个人信用信息的价值也在逐步提升。近几年,随着网络技术和金融业的不断融合,人们对传统金融服务的理解也随之发生了巨大的改变。董小君等(2020)对中国8个互联网金融风险的"重灾区"进行等级划分以及因素分析,认为东部经济发达地区以流动性风险为主,中西部地区存在的信用风险较为广泛,实行分类治理提高监管效率。Chen等(2020)的研究得出互联网金融和传统金融之间存在风险溢出效应的结论,特别要注意互联网金融的风险溢出到银行业的可能性大大提高,银行业首先会受到冲击,其次是保险业,最后是证券行业。

互联网平台的信用问题至关重要,关系到投资者的经济安全(陆岷峰 等,2018)。Zhou等(2021)提出了一种用于互联网金融欺诈检测的智能分布式大数据方法,以实现图形嵌入算法Node2Vec,将金融网络图中的拓扑特征学习和表示为低维密集矢量,从而智能有效地对大型数据集的数据样本进行分类和预测。Shang等(2021)基于物联网大数据挖掘,选择了多个财务指标用FCM(模糊聚类方法)、并行规则和并行挖掘算法确定了频繁模糊选项集来分析公司财务风险。李桂芝等

(2021)将协同演化理论应用于网络平台的风险预警研究,使模型的预报准确率得到了显著提升。机器学习方法在互联网金融平台风险预警方面也有着广泛的应用,如决策树模型用于分析网贷平台的羊群效应(Luo et al.,2013)、随机森林用于互联网借款人信用识别(Malekipirbazari et al.,2015)、遗传算法用于银行信贷研究(Metawa et al.,2017)等。

从以上文献可以看出,学者们的研究大多提及了互联网金融的风险与监管的背景和意义,虽然研究涉及的方面分布很广,但缺乏一定的深度。而现有的互联网金融监控或监管的研究也大多从单方面或是某些方面展开,缺乏对监控体系构建的整体把握。另外,现有研究针对互联网金融信用风险模型的设计多数停留在常规方法,将机器学习等新型算法纳入模型设计中还是对低维数据进行分析,较少考虑高维大数据包含的信息,未来可以从协同机制和复杂系统等多种分析方法进行研究。

1.2.5 互联网金融平台与数据治理

大数据、云计算和人工智能等新兴技术为互联网金融平台带来了丰富的流量数据,这些数据对各方面的金融管理和决策带来了许多便利,但也不能忽视信息不对称、道德风险、数据错误和隐私泄露等方面的问题(Jiang et al.,2021)。数字金融的不确定性、互联网的普遍性和金融行为的复杂性,使得金融风险更容易扩大,传播速度更快,隐蔽性更强。与此同时,随着金融领域的不断发展,各种新型的金融犯罪、金融诈骗手段也不断涌现,技术、专业化、规模化、隐蔽性不断增强,已经从单一的网络向有组织、有规模的集团型骗局发展,成为影响网络金融产业持续健康发展的重要因素。此外,随着金融技术的迅速发展,市场主体的行为发生了更大的改变,金融交易更加复杂,金融边界越来越模糊,这对金融监管提出了严峻的挑战。商业秘密在金融交易中的问题比较突出(靳玉红,2018),例如:网络保险消费者的权利保障(薛然巍,2019)、网络借贷中的信用信息安全问题(曹辉,2019)等。构建安全有效的数据治理架构,对推动互联网金融行业的高质量发展具有重要的战略意义。

大数据管理技术已被广泛地应用于金融、电信、能源等领域,并在此基础上建立了一套基于数据管理的模型。互联网金融的兴起使得现有商业秘密保护制度受到了极大的冲击(聂洪涛 等,2020)。区块链是具有自信任、防篡改分布式账簿记录等特点的集成系统,所有的信息都可以在区块链上进行加密记录和匿名交易,是一种全新的、可靠的信用创新方式(韩俊华等,2019)。Paik 等(2019)认为区块链技术可用于数据存储,数据分析可信度极高,而 Liu 等(2020)认为在基于区块链分布式服务计算的基础上需要另外探索新的数据治理方式。各机构可以将区块链技术用于互联网金融风险的防控与预警,改善数据从消费者直接向监管者的流动,降低信息不对称性。在引入区块链技术的过程中,要准确把握其技术特点和应用场景,加强对金融的监管,并加强对其技术的运用。而对于金融机构而言,在引进区块链技术时,需要根据自己的实际情况,进行试点,或者是完善"沙盒"的容错机制,不断地尝试,以确保金融系统的健全和金融业务结构的重组。当然,区块链技术的发展也面临着严峻的挑战,比如技术水平还需要进一步的成熟,应用场景还需要进一步的探索,还需要多方面的配合和促进。

数据治理是一种人员、过程和技术的管理,以充分利用企业内部所生成的大量数据(Wang et al. ,2018),旨在提高数据的价值和降低数据相关的费用和风险(Abraham et al. ,2019)。在信息技术与市场发展的今天,尤其是 20 世纪 90 年代以来,数据的管理已经从单纯的储存与管理,转向为人们提供了多种形式的数据管理。数据治理是将数据管理功能有机地结合起来,使数据管理更加整体化。Rosenbaum 等(2010)将数据治理作为一种数据管理,可以提升组织中数据资产使用的有效性。Begg 等(2012)认为数据治理实施中需要明确流程、划分职责、制定政策以及具备专业技术。先进的数据算法可以自主地做出行为决策,较好地替代了人工主观的判断,提升了工作效率和准确性(朱琳 等,2018)。由于数据治理产生的决策对整个系统都具有重大影响,因此受到严格的监管和道德的约束(Janssen et al. ,2020)。刘子龙等(2012)强调了数据中的隐私和道德问题。

数据是驱动社会经济发展的关键要素,具有极高的经济价值和战略价值,目前仍存在许多亟待解决的问题。数据处理的性能约束、数据的产权归属以及隐私保护等问题都是值得深入研究的环节。数据的获取、管理与监督是其发挥价值的必经之路,探索数据治理的新手段和新模式也是有待攻破的难题。

1.3 对现有研究的评述和研究趋势分析

  本书综合国内外最新研究成果，对该领域的几个重点、难点和热点问题进行了归纳和梳理，并对其中存在的问题进行了探讨和评述。目前的研究具有基础研究、现状研究和学科交叉与应用研究齐头并进的趋势，研究不管是在内容上还是在方法上都呈现出不断深入和递进的特征。研究热点是一段时间内学科领域发展的主要方向，对深入分析该领域的研究内容具有指导意义。但是，在保持研究热度的同时，必须追求实质性的理论创新，在继承现有研究成果的基础上，实现研究方法的突破，开阔研究视野。互联网平台上大数据的研究包括数据收集、分析以及发展新路径，还包括数据安全等一系列问题，同时也面临着数据存储、数据分析、数据显示、数据安全等诸多问题。目前，大数据在互联网、网络通信、网络安全、金融等领域得到了广泛的应用，积累了大量的数据。数据的价值越来越高，越来越受到人们的重视，下一步的研究仍需结合多学科内容，提出新的研究热点，为该学科注入新的活力。互联网平台价值研究主要包括价值创造和价值增长两方面，从财务指标和非财务指标两个角度对平台价值进行评估，交互作用可以从两个层面上产生：直接的和间接的。在互联网金融领域，主要包括利用大数据技术对互联网风险进行识别、度量、预警、评价和监督等，并对其在互联网金融中的应用模式和发展模式进行了探讨。大数据技术在金融领域的广泛应用，为金融行业提高服务效率、规避投资风险、降低交易成本等方面做出了巨大的贡献。现有研究大多没有涉及大数据金融所能给借贷平台带来的内在性和系统性的影响，少有将数据治理与互联网金融结合，从理论方面解释互联网金融领域的数据治理潜在逻辑，也缺少将数据治理应用于互联网金融的案例与方法。基于大数据视角对于互联网借贷平台的商业价值、市场价值和社会价值的形成和测度研究具有较强的理论和现实意义。

  本书在对国内外文献进行整理的基础上，对其优劣进行了较为详尽的对比和分析，并提出了今后的发展趋势。未来研究学者们可能在以下这些方面实现突破：首先，在大数据及其对互联网金融的影响与技术应用研究中，学者们对大数据进行了定义，并研究其如何能够有效地运用到平台所涉及的相关行业中，本课题力争在此基础上构建一个完善的信息收集、数据结构以及数据处理结果应用的商业模式机制,为之后的研究提供一个可行的范式。其次,学者们对互联网平台的价值形成构建了一个研究框架,并在细分的研究方面得出了实证研究结果,本课题基于大数据的资源效应和应用机制,通过商业价值、市场价值和社会价值3个方面研究互联网借贷平台价值形成的体系,合理地分析财务指标与非财务指标之间的关系,将两者有机结合,揭示平台价值创造过程,力争在理论构建上实现突破。再次,学者们对互联网借贷平台的商业价值、市场价值和社会价值等相关领域都有研究,但对价值测度的研究却相对缺乏,使用的方法也不尽相同,本书在比较现有研究方法的基础上,对已有理论模型进行扩展,通过间接测度的方式对互联网借贷平台的价值效应进行衡量,并对方法的有效性以及结果的准确性进行适当的检验,确保研究思路与方法的正确性。最后,已有研究对互联网金融的数据安全、行业发展、流动性和征信的各方面风险做了大量的研究工作,但对数据所导致的平台经营和平台市场的风险仍需要进行深入的研究,本书力争构建一个关于互联网金融风险监控体系,从识别、测度、预警等方面完善互联网金融的防范。

参考文献

安邦坤,阮金阳,2014.互联网金融:监管与法律准则[J].金融监管研究(3):57-70.

巴曙松,2013.大数据可解小微企业融资瓶颈[J].中国经济报告(6):29-31.

蔡瑶,吴鹏,2022.基于大规模数据分析的融合面部特征的信用风险预测模型[J].情报科学,40(6):160-168.

曹辉,2019.网络借贷中大数据征信的应用:背景、实践与展望[J].贵州社会科学(10):116-122.

邓东升,陈钊,2019.互联网金融风险与投资者风险意识:来自网贷平台交易数据的证据[J].财贸经济,40(2):101-113.

董小君,石涛,2020."重灾区"互联网金融风险指数及其影响要素分析[J].现代经济探讨(3):1-10.

段文奇,宣晓,2018.基于价值创造视角的互联网企业价值评估体系研究[J].财贸研究,29(9):85-97.

冯博,叶绮文,陈冬宇,2017. P2P 网络借贷研究进展及中国问题研究展望[J]. 管理科学学报,20(4):113-126.

高宇,孙雁南,姚鑫,2022. 互联网金融创新监管的多阶段博弈规律研究:基于平台异质性的市场反应分析[J]. 当代经济科学,44(3):41-57.

宫晓林,2013. 互联网金融模式及对传统银行业的影响[J]. 南方金融(5):86-88.

韩俊华,周全,王宏昌,2019. 大数据时代科技与金融融合风险及区块链技术监管[J]. 科学管理研究,37(1):90-93.

黄生权,李源,2014. 群决策环境下互联网企业价值评估:基于集成实物期权方法[J]. 系统工程,32(12):104-111.

金帆,2014. 价值生态系统:云经济时代的价值创造机制[J]. 中国工业经济(4):97-109.

靳玉红,2018. 大数据环境下互联网金融信息安全防范与保障体系研究[J]. 情报科学,36(12):134-138.

李炳乾,2014. 对等 P2P 网络中大数据关键特征挖掘模型仿真[J]. 计算机仿真,31(11):294-296.

李桂芝,马莹,王雪标,2021. 引入协同进化算法的互联网金融风险预警分析[J]. 调研世界(11):42-50.

李国杰,程学旗,2012. 大数据研究:未来科技及经济社会发展的重大战略领域:大数据的研究现状与科学思考[J]. 中国科学院院刊,27(6):647-657.

廖理,李梦然,王正位,2014. 聪明的投资者:非完全市场化利率与风险识别:来自 P2P 网络借贷的证据[J]. 经济研究,49(7):125-137.

廖理,李梦然,王正位,等,2015. 观察中学习:P2P 网络投资中信息传递与羊群行为[J]. 清华大学学报(哲学社会科学版),30(1):156-165.

刘绘,沈庆劼,2015. 我国 P2P 网络借贷的风险与监管研究[J]. 财经问题研究(1):52-59.

刘芸,朱瑞博,2014. 互联网金融、小微企业融资与征信体系深化[J]. 征信,32(2):31-35.

刘志明,2014. P2P 网络信贷模式出借行为分析:基于说服的双过程模型[J]. 金融论坛,19(3):16-22.

刘子龙,黄京华,2012. 信息隐私研究与发展综述[J]. 情报科学,30(8):1258-

1262.

陆岷峰,葛和平,2018.中国互联网金融生态足迹、承载力及效率的测算与评价研究[J].管理学刊,31(1):22-32.

罗菲,2007.实施基于价值管理(VBM)的关键要素分析[J].会计之友(下旬刊)(4):58-59.

聂洪涛,李宁,2020.大数据下金融交易商业秘密的保护:困境与对策[J].科技与法律(1):31-37.

钱平凡,陈光华,温琳,2014.平台研究国际进展与侧重点及政策含义[J].发展研究(5):80-83.

邱甲贤,林漳希,童牧,2014.第三方电子交易平台运营初期的定价策略:基于在线个人借贷市场的实证研究[J].中国管理科学,22(9):57-65.

王聪聪,党超,徐峰,等,2018.互联网金融背景下的金融创新和财富管理研究[J].管理世界(12):168-170.

王达,2014.美国互联网金融的发展及中美互联网金融的比较:基于网络经济学视角的研究与思考[J].国际金融研究(12):47-57.

王会娟,2015.P2P的风险与监管[J].中国金融(1):45-46.

王会娟,廖理,2014.中国P2P网络借贷平台信用认证机制研究:来自"人人贷"的经验证据[J].中国工业经济(4):136-147.

王宇灿,李一飞,袁勤俭,2014.国际大数据研究热点及前沿演化可视化分析[J].工程研究——跨学科视野中的工程,6(3):282-293.

巫文勇,2022.互联网平台金融的信息披露规则与法律责任重叙[J].法律科学(西北政法大学学报),40(5):50-63.

向虹宇,王正位,江静琳,等,2019.网贷平台的利率究竟代表了什么?[J].经济研究,54(5):47-62.

谢平,邹传伟,2012.互联网金融模式研究[J].金融研究(12):11-22.

徐晋,2014.大数据经济学[M].上海:上海交通大学出版社.

徐晋,2013.平台经济学[M].2版.上海:上海交通大学出版社.

徐晋,张祥建,2006.平台经济学初探[J].中国工业经济(5):40-47.

许恋天,2021.互联网金融"信息服务型"监管模式构建研究[J].江西财经大学学报(3):138-148.

薛然巍,2019. 大数据时代互联网保险消费者权益保护问题研究[J]. 上海金融(1):78-83.

杨虎,易丹辉,肖宏伟,2014. 基于大数据分析的互联网金融风险预警研究[J]. 现代管理科学(4):3-5.

岳彩申,2021. 互联网金融平台纳入金融市场基础设施监管的法律思考[J]. 政法论丛(1):83-91.

张成虎,武佳琪,范灵瑜,2022. 互联网金融违法及其防范的演化博弈分析:基于犯罪经济学视角[J]. 金融论坛,27(2):61-70.

张庆君,宋小艳,2020. 互联网金融发展对金融错配的影响研究[J]. 经济与管理,34(5):43-52.

朱琳,金耀辉,2018. 大数据驱动金融市场监管研究:基于上海自贸试验区P2P企业风险监测的实践[J]. 华东理工大学学报(社会科学版),33(6):66-76.

Abraham R, Schneider J, Vom Brocke J, 2019. Data governance: A conceptual framework, structured review, and research agenda[J]. International Journal of Information Management, 49:424-438.

Aggarwal R, Bhagat S, Rangan S, 2009. The impact of fundamentals on IPO valuation[J]. Financial Management, 38(2):253-284.

Armstrong M, 2006. Competition in two-sided markets[J]. The RAND Journal of Economics, 37(3):668-691.

Begg C E, Caira T, 2012. Exploring the SME quandary: Data governance in practise in the small to medium-sized enterprise sector[J]. Electronic Journal of Information Systems Evaluation, 15:3-13.

Berger S C, Gleisner F, 2009. Emergence of financial intermediaries in electronic markets: The case of online P2P lending[J]. Business Research, 2(1):39-65.

Borkar V R, Carey M J, Li C, 2012. Big data platforms: What's next? [J]. XRDS: Crossroads, the ACM Magazine for Students, 19(1):44-49.

Brown, Brad, Chui, Michael, et al., 2011. Are you ready for the era of "big data"[J]. McKinsey Quarterly(4):28-40.

Chakravorti S, Roson R, 2006. Platform competition in two-sided markets: The case of payment networks[J]. Review of Network Economics, 5(1):118-142.

Chen R D, Chen H W, Jin C L, et al., 2020. Linkages and spillovers between Internet finance and traditional finance: Evidence from China[J]. Emerging Markets Finance and Trade, 56(6): 1196-1210.

Davis K E, Gelpern A, 2009. Peer-to-peer financing for development regulating the intermediaries[J]. Journal of International Law and Politics(42): 1209-1263.

Demerjian P, Lev B, Mc Vay S, 2012. Quantifying managerial ability: A new measure and validity tests[J]. Management Science, 58(7): 1229-1248.

Demers E, Lev B, 2001. A rude awakening: Internet shakeout in 2000[J]. Review of Accounting Studies, 6(2/3): 331-359.

Detragiache E, Garella P, Guiso L, 2000. Multiple versus single banking relationships: Theory and evidence[J]. The Journal of Finance, 55(3): 1133-1161.

Duarte J, Siegel S, Young L, 2012. Trust and credit: The role of appearance in peer-to-peer lending[J]. The Review of Financial Studies, 25(8): 2455-2484.

Evans D S, 2011. Platform economics: Essays on multi-sided businesses[M]. Scotts Valley, CA: CreateSpace Independent Publishing Platform.

Evans D S, 2003. Some empirical aspects of multi-sided platform industries[J]. Review of Network Economics, 2(3): 191-209.

Fang Z, Zhang J J, Zhiyuan F, 2014. Study on P2P E-finance platform system: A case in China[C]//IEEE 11th International Conference on e-Business Engineering. Guangzhou, China. IEEE: 331-337.

Funk B, Alex, Bachmann E, et al., 2011. Online peer-to-peer lending—A literature review[J]. The Journal of Internet Banking and Commerce, 16: 1-18.

Gompers P, Ishii J, Metrick A, 2003. Corporate governance and equity prices[J]. The Quarterly Journal of Economics, 118(1): 107-156.

Hallen B L, Eisenhardt K M, 2012. Catalyzing strategies and efficient tie formation: How entrepreneurial firms obtain investment ties[J]. Academy of Management Journal, 55(1): 35-70.

Hall M, Frank E, Holmes G, et al., 2009. The WEKA data mining software[J].

ACM SIGKDD Explorations Newsletter, 11(1): 10-18.

Iyer R, Khwaja A I, Luttmer E F P, et al., 2009. Screening in new credit markets: Can individual lenders infer borrower creditworthiness in peer-to-peer lending? [R]. AFA 2011 Denver Meetings Paper.

Janssen M, Brous P, Estevez E, et al., 2020. Data governance: Organizing data for trustworthy artificial intelligence[J]. Government Information Quarterly, 37(3): 101493.

Jeanne E. Johnson, 2012. Big Data + Big Analytics = Big Opportunities[J]. Financial Executive, 28(6): 50-54.

Jensen M C, Meckling W H, 1976. Theory of the firm: Managerial behavior, agency costs and ownership structure[J]. Journal of Financial Economics, 3(4): 305-360.

Jiang C J, Ding Z J, Wang J L, et al., 2014. Big data resource service platform for the Internet financial industry[J]. Chinese Science Bulletin, 59(35): 5051-5058.

Jiang G Y, Cai X S, Feng X D, et al., 2021. Effect of data environment and cognitive ability on participants' attitude towards data governance[J]. Journal of Information Science: 016555152110190.

Kuner C, Cate F H, Millard C, et al., 2012. The challenge of 'big data' for data protection[J]. International Data Privacy Law, 2(2): 47-49.

Lin M F, Prabhala N R, Viswanathan S, 2013. Judging borrowers by the company they keep: Friendship networks and information asymmetry in online peer-to-peer lending[J]. Management Science, 59(1): 17-35.

Liu X Z, Sun S X, Huang G, 2020. Decentralized services computing paradigm for blockchain-based data governance: Programmability, interoperability, and intelligence[J]. IEEE Transactions on Services Computing, 13(2): 343-355.

Luo B J, Lin Z X, 2013. A decision tree model for herd behavior and empirical evidence from the online P2P lending market[J]. Information Systems and e-Business Management, 11(1): 141-160.

Luo X M, Homburg C, Wieseke J, 2010. Customer satisfaction, analyst stock recommendations, and firm value[J]. Journal of Marketing Research, 47(6): 1041–1058.

Mahdiloo M, Noorizadeh A, Farzipoor Saen R, 2011. Developing a new data envelopment analysis model for customer value analysis[J]. Journal of Industrial & Management Optimization, 7(3): 531–558.

Malekipirbazari M, Aksakalli V, 2015. Risk assessment in social lending viarandom forests[J]. Expert Systems with Applications, 42(10): 4621–4631.

Matook S, 2013. Measuring the performance of electronic marketplaces: An external goal approach study[J]. Decision Support Systems, 54(2): 1065–1075.

Metawa N, Hassan M K, Elhoseny M, 2017. Genetic algorithm based model for optimizing bank lending decisions[J]. Expert Systems with Applications, 80: 75–82.

Ordanini A, Pasini P, 2008. Service co-production and value co-creation: The case for a service-oriented architecture (SOA)[J]. European Management Journal, 26(5): 289–297.

Osterwalder A, Pigneur Y, 2011. Business model generation[M]. Hoboken, New Jersey: Wiley.

Owen S, 2011. Mahout in action[M]. Shelter Island, NY: Manning Publications.

Paik H Y, Xu X W, Bandara H M N D, et al., 2019. Analysis of data management in blockchain-based systems: From architecture to governance[J]. IEEE Access, 7: 186091–186107.

Puro L, Teich J E, Wallenius H, et al., 2010. Borrower Decision Aid for people-to-people lending[J]. Decision Support Systems, 49(1): 52–60.

Rochet J C, Tirole J, 2003. Platform competition in two-sided markets[J]. Journal of the European Economic Association, 1(4): 990–1029.

Rochet J C, Tirole J, 2006. Two-sided markets: A progress report[J]. The RAND Journal of Economics, 37(3): 645–667.

Rosenbaum S, 2010. Data governance and stewardship: Designing data stewardship entities and advancing data access[J]. Health Services Research, 45(5 Pt 2): 1442-1455.

Rysman M, 2009. The economics of two-sided markets[J]. Journal of Economic Perspectives, 23(3): 125-143.

Sam M, 2012. From databases to big data[J]. IEEE Internet Computing, 16(3): 4-6.

Santosuosso P, 2014. Do efficiency ratios help investors to explore firm performances? evidence from Italian listed firms[J]. International Business Research, 7(12): 111.

Shang H Y, Lu D, Zhou Q Y, 2021. Early warning of enterprise finance risk of big data mining in Internet of things based on fuzzy association rules[J]. Neural Computing and Applications, 33(9): 3901-3909.

Shu H T, 2014. A discussion on the financing risks of domestic micro enterprises under the background of Internet finance [C]. Proceedings of the 6th International Conference on Financial Risk and Corporate Finance Management.

Slattery P, 2013. Square pegs in a round hole: SEC regulation of online peer-to-peer lending and the CFPB alternative[J]. Yale Journal on Regulation, 30: 6.

Stiglitz J, Weiss A, 1981. Credit rationing in markets with imperfect information [J]. The American Economic Review, 71: 393-410.

Sun M C, Tse E, 2009. The resource-based view of competitive advantage in two-sided markets[J]. Journal of Management Studies, 46(1): 45-64.

Tene O, Polonetsky J, 2012. Privacy in the age of big data: A time for big decisions[J]. Stanford Law Review, 64: 63-69.

Wang H B, 2021. Credit risk management of consumer finance based on big data [J]. Mobile Information Systems, 2021: 8189255.

Wang H Z, Wuebker R J, Han S, et al., 2012. Strategic alliances by venture capital backed firms: An empirical examination[J]. Small Business Economics, 38(2): 179-196.

Wang Y C, Kung L, Byrd T A, 2018. Big data analytics: Understanding its capabilities and potential benefits for healthcare organizations[J]. Technological Forecasting and Social Change, 126: 3-13.

Wu X D, Zhu X Q, Wu G Q, et al., 2014. Data mining with big data[J]. IEEE Transactions on Knowledge and Data Engineering, 26(1): 97-107.

Yang D, Chen P, Shi F Y, et al., 2018. Internet finance: Its uncertain legal foundations and the role of big data in its development[J]. Emerging Markets Finance and Trade, 54(4): 721-732.

Zhou H J, Sun G, Fu S, et al., 2021. Internet financial fraud detection based on a distributed big data approach with Node2vec[J]. IEEE Access, 9: 43378-43386.

第二章 互联网金融平台的发展历程和未来

伴随着互联网信息技术的发展以及资本的大量投入,互联网金融平台这一业态迅速崛起,在短短数年内从"蜂拥而上"的野蛮增长逐渐走向规范治理,成为金融系统中重要的组成部分。本章主要从互联网金融平台的发展背景入手,梳理其内涵、模式和发展历程,分析其竞争优势,在此基础上探讨互联网金融平台面临的挑战和发展方向。

2.1 互联网金融平台发展背景

相比于国外,虽然我国电子银行业务起步较晚,各领域发展还不太成熟,但是经过十几年的迅速发展,国内互联网金融平台在产品种类、业务规模、创新能力等方面都有所进步,对金融市场的健康有序发展起到了一定的积极作用。

近年来,中国互联网用户数量保持了快速增长的态势(见图2.1),中国互联网络信息中心(CNNIC)在京发布的第49次《中国互联网络发展状况统计报告》[1]显示,截至2021年12月,我国网民规模为10.32亿,互联网普及率达73.0%,其中手机网民规模达10.29亿。从理论上讲,年满18周岁的网民,如果存在收入能力和消费需求,都可以称为互联网金融的目标用户群体。截至2021年12月,我国年满18周岁的成年人约占80%(见图2.2),即约有8.27亿人,这为中国互联网金融平台的发展提供了良好的用户基础。

---

[1] 中国互联网络信息中心(CNNIC).第49次《中国互联网络发展状况统计报告》[R].北京:中国互联网络信息中心,2022.

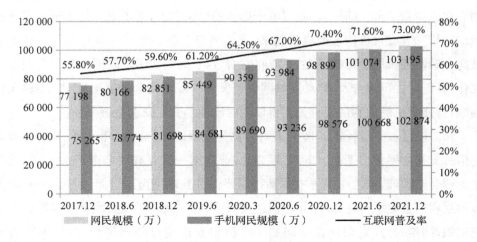

图 2.1　中国网民规模和互联网普及率

（数据来源：第 49 次《中国互联网络发展状况统计报告》）

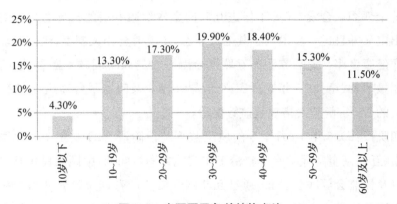

图 2.2　中国网民年龄结构占比

（数据来源：第 49 次《中国互联网络发展状况统计报告》）

总体来看，互联网金融平台发展历程大致可以分为 4 个阶段。

第一阶段：20 世纪末期至 21 世纪初的萌芽生长阶段。20 世纪末期互联网技术开始快速发展，互联网逐渐开始走向商业运营模式，与传统金融一起走向融合。由于金融具有的独特垄断性，互联网金融起源于传统金融机构，将线下业务搬到线上。21 世纪初，大中型商业银行相继推出网上银行业务，正在以其相对低廉的成本优势快速扩充客户规模，同时积极地试图将过去传统的业务转变为电子银行业务，从而提高业务处理效率。此外，模仿国外借贷平台，应合民间借贷的场景，国内创立在线借贷平台。同时,伴随着电子商务的快速发展,电子支付的场景需求日益增加。第三方支付机构逐渐成长起来,互联网与金融的结合逐渐开始了从技术领域向金融业务领域的跨越。在2010年左右,这一时期我国互联网金融平台逐步正规化,智能硬件迅速普及,移动互联网快速发展。互联网金融逐渐由PC端转向移动端,智能手机的便利性使得人们得以随时随地享受互联网金融服务。

第二阶段:2013年至2015年6月的高速发展阶段。2013年6月,我国内地诞生第一支互联网货币基金。2014年2月,业内第一款互联网金融产品上线,同年全国两会期间,政府工作报告中明确指出要促进互联网金融健康发展。公开数据显示互联网金融平台在2015年增速达到峰值,但与此同时互联网金融风险也在迅速累积,同年6月,互联网金融问题平台数量首次超过新增平台,至此出现行业拐点。

第三阶段:2015年6月至2016年9月的风险爆发阶段。2015年7月,中国人民银行等十部委联合发布《关于促进互联网金融健康发展的指导意见》,对互联网金融作出定义并且进一步说明了其七大业态,要求健全相关制度,规范互联网金融市场秩序健康良序。此后累积的互联网金融平台的风险问题不断释放,行业研究机构数据显示,截至2016年9月底,行业累计停业及问题平台高达2 072家,约占平台数量的50%,亟须严格规范监管整治。

第四阶段:2016年10月至今的风险监管整治阶段。2016年10月,国务院办公厅颁布《互联网金融风险专项整治工作实施方案》,同期,中国人民银行、银监会、证监会以及保监会等联合发布《通过互联网开展资产管理及跨界从事金融业务风险专项整治工作实施方案》《股权众筹风险专项整治工作实施方案》《非银行支付机构风险专项整治工作实施方案》《互联网保险风险专项整治工作实施方案》等,不断在政策法律层面上监督管理互联网金融平台市场。

2.2 互联网金融平台的发展

2.2.1 互联网金融的含义

不断成熟的互联网技术以及市场中互联网经济的广泛应用使得互联网金融应运而生,谢平等(2012)系统提出"互联网金融"这一概念,随后我国政府也采取了积极应对态度。2013年4月,国务院部署了包括"互联网金融发展与监管"在内的19项重点研究课题。同年8月,国务院的2项重要文件中均提及互联网金融,其一为国务院办公厅《关于金融支持中微企业发展的实施意见》,指出要充分利用互联网等新技术以及新工具,从而不断创新网络金融服务模式;其二为国务院颁布的《关于促进信息消费扩大内需的若干意见》,指出要不断推动互联网金融创新,规范互联网金融服务。同年,"互联网金融"一词首次出现在官方权威报告中,央行发布的该年度第二季度《中国货币政策执行报告》中给予互联网金融较高的正面评价,认为其具有高透明度、高参与性、低成本性、高便捷性等优势。由此开始,各地政府对互联网金融展现出较高的热情。

传统金融行业大致可以分为两大类(见图2.3),其一是银行等的间接融资模式,例如银行的存贷款业务;其二是资本市场的直接融资模式,通过债券以及股票等市场进行交易。而互联网金融不同于以上2种模式,其应用大数据和云计算等技术共享企业财务等信息,突破金融市场存在的时间和空间限制,有效地将各个网络主体进行关联。从宏观角度来看,只要涉及网上金融业务或者是运用大数据以及云计算等技术的均可以认为是互联网金融。互联网金融存在2个极端,一端是存在银行、保险、证券交易所等金融中介机构和市场的情形,另一端是瓦尔拉斯一般均衡理论中对应的不存在任何金融中介或市场的情形,介于这两者之间的所有金融形式和组织都属于互联网金融的范畴。而从微观角度来说主要是指一些从事小额贷款和第三方支付的中小型企业所从事的业务,此类企业通常使用更为先进的互联网技术。

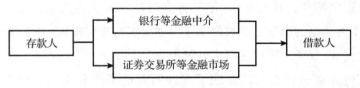

图2.3 存在金融中介和金融市场的情形

为了方便客户和企业进行线上金融业务往来,产生了互联网金融平台(周宇,2013),其主要从事的是借贷以及融资等方面的金融业务,具体运作流程见图2.4。借款者在平台发布借款信息,贷款者可以根据借款者的需求以及自己的投资目标进行投资,平台则充当担保监管等职责。

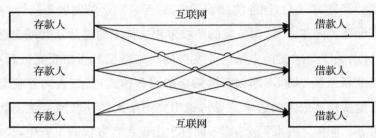

图 2.4 无金融中介和金融市场的情形

2.2.2 互联网金融的典型交易模式

互联网金融平台发展至今,产生了诸多在运营、交易等方面存在显著不同的互联网金融产品,根据金融产品的内在交易机制的不同,可以将互联网金融平台存在的典型交易模式分为以下六大类。

1. 移动支付和第三方支付

移动支付是指以某种移动终端设备为载体,一般为智能手机,满足客户消费需求的一种付款方式。移动支付通过将客户的银行卡、手机与支付终端进行关联,从而实现将消费金额转移到商户账上。移动支付发展至今因其操作简单性、技术先进性、支付及时性、信息集成性等特点备受青睐。由此发展而来的第三方支付略有不同,第三方支付通过将具备一定实力和信誉保障的独立机构与网联对接而促成双方交易。一般由消费者选购商品后使用第三方平台提供的账户进行支付,并告知商家货款到账进行发货,消费者收到货款后验货确认,通知第三方付款,最终由第三方进行资金转移。相对而言,第三方支付的流程更为复杂。支付宝、微信支付、财付通作为典型的第三方支付颠覆了以往的银行支付模式,是在银行支付系统之外创新性发展,仅凭二维码便可实现轻松支付。

移动支付和第三方支付均体现了互联网对电子商务交易支付方式的影响。2021年9月商务部发布的《中国电子商务报告(2020)》中的数据(见图2.5)可以看出自2011年起中国电子商务交易规模不断扩大,同比增长率在2014年达到最高值57.6%,虽然同比增长率在逐渐降低,但是基数较大的电子商务交易总额仍呈现增长趋势,前景广阔。网络购物逐渐成为我国居民的重要购物方式,强大的内需以及相关刺激消费政策的出台为移动支付和第三方支付的发展提供了前所未有的机遇。

图 2.5 2011—2020 年全国电子商务交易总额及同比增长率

（数据来源：《中国电子商务报告（2020）》）

2. 众筹金融

互联网众筹，也被称为众投，通常是由项目发起人，倾向于中小型企业和初创型公司，在众筹平台上公开发布项目的相关信息，向平台上的普通投资者筹集资金，通常会给予投资者一定的回报。从广义上讲，众筹是指集合群众的力量来完成某项活动；而从经济学角度来讲，众筹是指项目发起人为完成某项目借助互联网平台向投资者筹集资金，涉及的所有项目信息以及资金流动均在互联网平台上进行，从而提高融资效率，刺激金融市场。

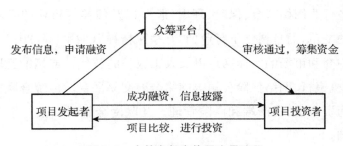

图 2.6 众筹参与主体及交易流程

众筹金融一般包括三方主体,分别是项目发起者、投资者以及众筹平台,主要运作流程见图 2.6。在众筹运行过程中,由项目发起人将项目相关信息发布给众筹平台进行审核,如审核通过,则投资者可以选择是否对该项目进行投资,此时融资成功。众筹金融起始于美国市场,2001 年,首个众筹网站 Artist Share 开始运营,互联网众筹这一融资方式也逐渐受到我国市场的广泛关注。2011 年 7 月,国内第一家众筹平台——"点名时间"正式上线,这标志着我国众筹行业的兴起。2013 年左右我国众筹行业迎来了大爆发,出现大量众筹平台,随后正常运营的众筹平台的数量不断增加,但是增速有所减缓,见图 2.7。目前比较典型的众筹平台有京东东家众筹平台、淘宝众筹等。

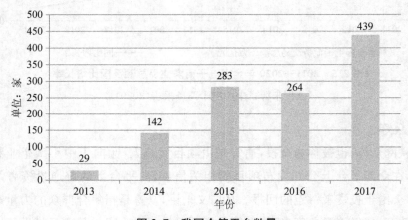

图 2.7 我国众筹平台数量

(数据来源:人创咨询)

3. 传统金融行业互联网化

传统金融行业例如基金、保险、理财、股票以及债券等行业的互联网化不仅是一种技术的变革,而且树立了行业的"互联网精神"(谢平 等,2015),体现了互联网对金融中介和市场的实体网点以及人工服务的替代。典型的互联网化包括网络银行、手机银行、网络保险公司等网络金融交易平台。传统金融机构的 3 个关键点分别为资金端、资产端和风险管理。互联网金融对以上 3 个关键点产生了深刻的影响。

对于资金端而言,传统金融行业通常是由机构主导管理将零散的资金集合投资,互联网技术的渗透使得众多小中介和平台出现,产生了更多的投资机会,即使是数额很小的投资金额。尤其在第三方支付技术的支持下,金融资金门槛大幅降低。

对于资产端而言,互联网金融服务的主体主要是小微企业融资需求和个人小额贷款需求。对于资产规模较小、企业数量众多的投资标的高效评估,传统金融机构需要该类企业具备同质化和标准化的特征,但是小微企业往往个性化突出,这就使得资产的高效评估十分困难,互联网技术的加入大大提高了评估效率,同时更加注重客户体验。对于个人小额贷款,没有被纳入央行征信体系,但是却具备经济活动能力的个体难以获得传统金融机构的服务,互联网化的金融机构通过创新型的技术手段可对其信用情况和还款能力进行分析,有效填补传统金融行业的漏洞。

对于风险管理而言,互联网通过对大数据进行采集、加工、分析和使用,实现对传统金融机构的高效管理,降低管理成本。传统金融机构在对某项目进行风险分析时,往往要对资金需求方进行全面调查,甚至考虑相关的法律监管状况,从而对风险收益有一个清晰的认识,这往往需要金融团队花费较多时间完成。互联网金融平台的发展可以依靠其技术优势,将上述过程标准化和流程化,提高管理效率。

4. 大数据金融

大数据金融更多的是指基于大数据技术发展的互联网金融,主要包括大数据征信和网络贷款、大数据保险以及基于大数据的证券投资等活动。大数据征信和网络贷款,一般通过手机企业的行为数据计算企业的违约概率,再决定是否放款。传统贷款通常根据企业的资产负债表分析企业的还债能力,大数据技术的引入颠覆了金融机构传统的放贷机制(宫哲 等,2015)。目前最具典型性的大数据贷款是阿里小贷,阿里小贷会根据用户过往数据生成该用户的征信,给予适当的投资额度,按天计息进行还款。大数据保险将根据个人的行为数据,包括是否喜欢饮酒、是否喜欢自驾游等,计算该个体出现意外的概率,从而确定保险费率,完全颠覆了现有的保险费率计算模式。大数据在证券投资等领域同样具有强大的功能,人们可以根据海量市场数据对股票进行合理预测,进而选择投资。

5. 商业场景金融

商业场景金融的含义,首先要从"场景"入手。"场景"一直是互联网领域最被人津津乐道的词汇,而与之并列的是"入口"和"渠道"。把这些词汇放到商业银行来看的话,"入口"和"渠道"都不是银行的短板——经过多年在电子银行端的投入和建设,从最初的电话银行到网上银行再到手机银行,对于银行来说,从未放松过对"入口"的重视;"渠道"更不必说,遍布全国的物理网点,更是银行 30 年"黄金发展期"的重要支撑。然而,银行也确实在近年来感受到了互联网金融的冲击,原因就在于传统银行没有对"场景"加以重视。

场景金融是将以往复杂的金融需求变得更加自然——将金融需求与各种场景进行结合,实现信息流的场景化、动态化,让风险定价变得更加精确,使现金流处于可视或者可控状态。场景金融就是将冷冰冰的金融有温度地融入个人的衣食住行、企业的生产经营活动之中,是金融服务"以客户为中心"的经营理念的体现。简单地讲,就是从客户的生活、生产需求出发,以场景为核心向客户提供端到端的服务。总的来说,商业银行场景金融可以说是互联网、传统行业以及金融的创新性结合。

6. 数字货币

数字货币又称虚拟货币,体现了互联网对货币形态的显著影响,是不同于传统纸质货币的存在,其通过区块链及加密技术实现去中心化和匿名性的特征。自 20 世纪 80 年代开始,电子货币与虚拟货币逐渐进入市场实操阶段,2008 年比特币的发行使得数字货币逐渐趋于繁荣,从而产生了"加密货币"这一分类。2021 年单枚比特币的价格一度突破 6 万美元。当前全球活跃着包括比特币在内的大约 2 万种数字货币,且数量仍旧在持续增加。数字货币的流行已成为数字金融、互联网金融科技的显著标志,也是传统金融行业与区块链、云计算等金融信息技术交叉融合的结果。

2.2.3 互联网金融平台竞争优势分析

我国著名的第三方平台——网贷之家于 2017 年发布了最新的《互金平台移动影响力百强榜单》,提取了 500 家正常运营的互联网金融平台进行分析,而实际正常运营的互联网金融平台企业远超 500 家,对于数量如此巨大的互联网金融平台企业,梳理互联网金融市场结构和竞争态势,对其自身竞争优势的清晰认识有助于互联网金融平台企业的健康有序发展。

(一)互联网金融平台的 PEST 分析

这里运用 PEST 分析法,从政治、经济、社会以及技术 4 个方面综合分析当前互联网金融平台的竞争优势(见图 2.8)。

1. 政治环境

我国政府不断出台相关政策支持。2014年第十二届全国人民代表大会第二次会议上,国务院总理李克强在政府工作报告中重点强调了互联网金融在拉动经济发展过程中的积极作用,促进各地方政府出台相关支持政策措施。发放第七批电子牌照将有助于支付市场正式向外资开放,同时政府充分强调小额信贷对激发市场活力的作用,这无不体现了政府对互联网金融平台的大力支持。与此同时,我国政府也在不断放松金融管制,利率市场化的进程也在不断加快,从最初的政府全盘掌控到逐步下放权力至各个商业银行,金融市场的活力得以释放,各种非公有制经济成分进入金融市场。目前市场上最为活跃的互联网金融公司之一——蚂蚁金服,旗下的支付宝、余额宝等都开创了互联网金融发展的里程碑。

2. 经济环境

我国目前互联网金融发展的宏观经济环境良好,主要包括以下4个方面。其一是宏观经济稳定发展。自1992年实行社会主义市场经济以来,我国经济一直快速发展,即使遭遇1997年的亚洲金融危机以及2008年的美国次贷危机的冲击,也能较快恢复稳定发展,为金融创新乃至互联网金融的发展提供了基本条件。其二是国民收入的稳定增加。居民收入的增加以及消费习惯的改变推动了互联网金融的发展,其中以支付宝为代表的第三方支付模式的发展最为典型,此外,也对在线借贷平台等模式的产生提供了借鉴。其三是利率市场化进程的不断加快。存贷款利率的市场化标志着小额信贷可以根据市场需求状况来决定利率水平。其四是电子货币地位的不断提升。网上银行的出现推动了电子货币的发展,而电子货币的普及也为互联网金融的发展提供了支持,拥有了虚拟实体的存在。

3. 社会环境

居民消费习惯以及观念的改变为互联网金融的发展提供了广阔前景。网络消费的出现是我国互联网金融发展的一个重要节点,以支付宝为代表的第三方支付平台的出现更是打破了传统现实交易模式,阿里巴巴、淘宝等电商平台的发展标志着互联网进入全新阶段。

4. 技术环境

互联网金融的发展离不开大数据、云计算等技术支持,互联网通信技术的发展为互联网金融提供了实时参与的平台,各类App应用软件的开发也为大众参与提供了机会,无论是支付宝还是小额信贷都更注重社会中层乃至底层的具有"长尾效应"的中小投资者。

图 2.8　互联网金融平台的 PEST 分析

(二) 典型互联网金融企业的波特五力模型分析

自 2004 年支付宝成立发展至今,蚂蚁金服经营业务领域已远超支付宝这一简单支付工具,具体业务板块以及相应的盈利点详见表 2.1,涉及众多互联网金融平台的交易模式,例如余额宝、保险、理财、众筹等,属于互联网金融领域的龙头企业。以蚂蚁金服为例,基于波特五力模型进行竞争优势分析可以为互联网金融平台企业提供相关参考与借鉴。

表 2.1　蚂蚁金服业务板块及其盈利点

业务板块	上线时间(年)	盈利点
支付宝	2004	利息收益、佣金收益、广告收益以及其他收益
余额宝	2013	银行存款、保险理财、债券以及其他投资的投资收益
招财宝	2014	借款产品、基金理财、保险理财和债权转让的手续费
蚂蚁花呗	2015	商户收单费以及手续费
芝麻信用	2015	芝麻信用与花呗、借呗等结合提供金融服务,尚无明确盈利点
网商银行	2015	自营利润和平台收费
蚂蚁聚宝	2015	余额宝、招财宝、基金以及股票的手续费
蚂蚁达客	2015	向融资人收取服务费
蚂蚁金融云	2015	向中小金融机构收取技术服务费或者成本节约分润等

1. 行业内竞争强度

行业内当前存在互联网化的银行等传统金融机构,淘宝、京东等互联网金融平台以及众筹等互联网金融交易模式。随着利率市场化的进一步推进,银行存贷款利差利润逐渐减少,其客户群体逐渐流向互联网金融平台,特别是第三方支付市场。蚂蚁金服的主要竞争者包括支付宝和微信支付、财付通此类的第三方支付。2015年发起的发红包浪潮使得支付宝发展迅猛,微信作为日常交流工具本身就自带海量的客户群体。以淘宝众筹等为代表的众筹企业仍旧占据领先地位,竞争较为激烈。

2. 潜在进入者

互联网金融领域因其高便捷性、高利率性吸引着大批潜在进入者。银行、证券、保险这三大传统金融机构不断优化产业,迈向互联网金融领域,例如恒丰银行,积极打造"空中银行"。还有许多尚未进入金融领域但拥有高新技术实力以及海量客户群体的行业龙头企业,也可能逐渐涉及互联网金融领域的相关经济活动。这些也都可能成为蚂蚁金融的潜在竞争者。

3. 替代品威胁

传统银行业面对蚂蚁金服的余额宝等理财产品迅猛发展而导致的银行客户群体流失、存款数额下降的竞争现状,必定会在日益加剧的市场竞争中予以反击,不断升级理财产品,开发创新型的金融产品。余额宝由于低门槛以及相对较高利率备受时代宠爱,但是由于我国相关政策和体制,银行在金融领域的龙头地位仍旧无法撼动,因此银行业相关的创新性发展仍旧会对蚂蚁金融产生较大威胁。另外大数据、区块链、云计算等技术与金融的融合创新发展,推进产生更多的新型金融产品,依托于区块链技术的比特币的出现与以往的货币发行路径存在实质性不同,在某些信用程度较低的金融领域具有广阔的发展前景。随着高新技术和传统金融的深度融合发展,也将可能产生更多具有广阔前景的替代品。

4. 购买者和供应商的议价能力

对于购买者的议价能力,以往银行通常采取"二八"法,即将绝大部分的利润聚焦于小部分客户,重视服务帮助大型企业等高资产大客户。随着互联网金融的发展,中小微企业以及个体客户逐渐得到重视,例如存款门槛很低的余额宝,该类群体虽然资金量小,但是海量的客户群体通过互联网金融平台的介入,可以产生巨大价值,逐渐呈现"长尾"效应。银行业也逐渐升级业务管理模式,开始争夺此基数庞大的长尾客户群体。这些无一不提高了购买者的议价能力。对于供货商的议价能力,资金量较小的客户群体往往专业理财知识水平较低,供需双方存在一个信息不对称的问题,金融企业需要不断创新性地研发出符合该类客户的投资产品,同时传统金融领域也在进行业务改革,导致市场同质化产品较为严重,由此可见供应商的议价能力相对较弱。

2.2.4 互联网金融平台的类型

对于互联网金融平台的分类方式有很多种,考虑到上文中对互联网金融的含义以及互联网金融平台的主要交易模式进行了较为详细的说明,本章按照互联网金融平台在上述典型交易模式中所起的投资作用可以将其分为三大类。

1. 信息服务型平台

该类平台是指与类似银行、保险公司、基金公司、证券交易所等持牌金融机构合作,向用户提供投资理财产品的相关信息,并通过第三方支付公司进行投资交易。而用户虽然在平台进行交易,但实际投资的是金融机构发行的投资产品,平台只是扮演一个信息展示的作用。当前该类互联网金融平台的市场份额占比最大,典型的包括蚂蚁金融、京东金融等。

2. 主动管理型平台

该类平台不同于信息服务型平台,其对平台上的投资产品具有主动管理的职能,与持牌金融机构多为关联公司或者隶属于同一个金融集团。该类平台实际上更像是持牌金融机构的一种线上销售渠道,同样需要对投资产品进行底层资产审核、产品结构设计、资金流管理、投后风险监控以及坏账处置等职能,可以将其与持牌金融机构视为一个整体。

3. 技术支持型平台

该类平台主要对传统金融机构提供包括大数据、云计算等技术支持。一方面可以为传统金融机构提供资产量化服务,对相关数据进行量化分析,为金融机构在对资产做定性分析时需要的数据提供参考;另一方面可以为其他互联网金融平台提供运营管理、资产管理、客户管理等后台系统作为技术支持。此类平台因为不参与投资行为,所以只对数据的真实性、时效性、全面性以及后台系统的安全性、稳定性进行负责。目前较为典型的互联网金融平台包括在线借贷平台中的第三方征信公司以及第三方支付机构。

值得注意的是在实际业务往来中,很多平台功能较为全面,即同时归属于以上 2 种甚至 3 种类型的互联网金融平台。例如蚂蚁金服,一方面,其平台上的理财产品与持牌金融机构合作,向用户展示相关投资产品的信息,体现了信息服务型平台的特征;另一方面,蚂蚁金服可通过对个人用户支付宝交易数据等进行分析,了解用户的消费特征和还款能力,评估其可承受的借款额度,并将相关数据分析结果提供给金融机构,由金融机构向用户提供消费分期和现金贷业务,此时体现了技术支持型金融平台的特征。

2.3 互联网金融平台的未来

2.3.1 互联网金融平台的发展方向

2019 年 8 月 8 日,国务院办公厅颁布的《关于促进平台经济规范健康发展的指导意见》[①]对互联网金融平台的转型和发展作出明确指示和规范,要求:"涉及金融领域的互联网平台,其金融业务的市场准入管理和事中事后监管,按照法律法规和有关规定执行。设立金融机构,从事金融活动,提供金融信息中介和交易撮合服务,必须依法接受准入管理。"同时也对互联网金融平台的监管提出了明确要求:"各有关部门要依法依规夯实监管责任,优化机构监管,强化行为监管,及时预警风险隐患,发现和纠正违法违规行为。"

在上述监管规定的驱动下,总结起来,互联网金融平台未来可能的发展方向主要有以下 3 种:

1. 特许化经营

我国相关政府机构以及法律法规反复强调将互联网金融业务纳入国家监管范围之内,金融行业客户群体庞大,而且具备高风险性以及快"传染性",并不是任何一家企业都可以搭建平台进行金融业务往来,需要经过监管机构的依法批准,因此特许化经营将成为未来互联网金融平台的发展趋势之一。

---

① 国务院办公厅关于促进平台经济规范健康发展的指导意见,国发办〔2019〕38 号。

2. 综合化经营

其实目前有些互联网金融企业也已经呈现综合化经营趋势,例如蚂蚁金融一方面通过支付宝提供第三方支付手段,另一方面经营着余额宝等理财产品寻求利润。随着互联网金融行业的迅猛发展,越来越多的互联网金融平台企业不断丰富业务往来,逐渐呈现多元化发展趋势,尤其是基于金融控股集团创建的互联网金融平台,例如蚂蚁金服。因此为满足客户群体日益增多的金融需求,互联网金融平台必将呈现综合化发展趋势。

3. 合规化管理

近年,互联网金融平台广阔的发展前景吸引越来越多的优秀企业介入,但是关于此领域的相关法律法规明显滞后,需要在互联网金融领域的不断发展摸索中进行总结提炼,形成动态化的合规管理。对此,一方面我国相关政府部门应高度重视,不断完善相关法律法规,严格监管经营者的经营行为以维护互联网金融平台领域的稳定发展;另一方面互联网金融平台应当积极和监管部门进行沟通和协作,充分发挥金融监管的动态管理作用。

2.3.2　互联网金融平台面临的挑战

互联网金融领域迅猛增多的人数以及不断创新发展的金融产品展现出强大的利润空间,吸引着金融企业不断完善发展互联网金融产品,提高金融服务的质量和效率,但是这其中也存在一定的问题。

1. 监管和创新的平衡

互联网金融平台领域是由传统金融行业和互联网行业融合创新发展而来,具备显著的创新性和开放性,传统金融领域的监管体系无法为互联网金融平台健康良序保驾护航。在互联网金融平台的发展过程中,如何实现创新和监管的动态平衡十分重要(李有星 等,2014),一方面要允许并支持互联网金融领域的适度创新,提高资源配置效率,另一方面及时完善和发展相应的政策法律监管,防止金融创新过度带来巨大风险。目前我国政府就互联网金融平台的发展提出了相应的指导意见,要求严格监管金融业务和互联网平台的运作过程,加大监管力度,建立安全技术分析平台进行实时性的风险监测和评估。但是互联网金融监管体系仍旧存在一定未知漏洞,部分数字经济平台由于没有形成统一的行业标准甚至未纳入监管体系中,尤其是虚拟货币交易平台。我国虽然禁止进行虚拟货币交易,但是关于此方面的研究并未停止,不断平衡创新与监管之间的动态平衡。

2. 稳定和发展的平衡挑战

互联网金融平台方一般奉行的策略为"最大化获取客户,利润是获取客户后的一个结果,不应当成为被追逐的目标",甚至在企业开始之际选择亏损拓客。随着互联网金融市场的不断发展,获取有效投资客户的成本越来越高,大多数互联网金融平台陷入了"只拼规模不赚钱"的困境中,导致风险事件频繁发生,广大客户的信任值有所降低,可能会选择远离互联网金融市场,这损害了互联网金融领域的长期发展。对于平台来说,如何做好稳定与发展之间的平衡关系成为一个较大的挑战。

3. 金融和科技的真正结合

金融行业虽然经历上百年的发展,但是其流程和环节并未发生实质性变化,互联网金融若仅仅是将金融产品通过互联网的方式实现与客户的对接,则无法起到实质性创新作用,只有通过高新技术手段重建金融行业的流程和环节,才能不断拓展金融体系,而非抢夺原本就属于传统金融行业的东西,这样才能实现金融行业的长期高效发展。

参考文献

宫哲,万适,2015. 论驱动信息化银行的"三驾马车":数字服务、大数据及信息安全[J]. 当代经济管理,37(12):69-74.

李有星,陈飞,金幼芳,2014. 互联网金融监管的探析[J]. 浙江大学学报(人文社会科学版),44(4):87-97.

卢宗辉,2006. 中国股市调控政策研究:历史、走向与市场影响[J]. 数量经济技术经济研究,23(2):14-23.

谢平,邹传伟,2012. 互联网金融模式研究[J]. 金融研究(12):11-22.

谢平,邹传伟,2015,刘海二. 互联网金融的基础理论[J]. 金融研究(8):1-12.

周宇,2013. 互联网金融:一场划时代的金融变革[J]. 探索与争鸣(9):67-71.

第三章 互联网金融平台风险事件特征与驱动因素

自 2013 年起,互联网金融平台风险事件频繁出现,对互联网金融行业的发展产生了较大冲击,甚至影响了整个金融体系的稳定性。基于此,本章对互联网金融平台主要风险事件进行分析,解构其风险特征,并归纳其形成的内在原因和驱动因素,以期为规范互联网金融行业发展、减轻互联网金融平台风险、改善互联网金融行业环境提供参考。

3.1 互联网金融平台风险事件分析

2013 年被称为"互联网金融元年",根据《中国金融稳定报告(2014)》,2013 年支付机构共处理互联网支付业务 153.38 亿笔,金额总计达到 9.22 万亿元,活跃的在线借贷平台超过 350 家,累计交易额超过 600 亿元。2013 年到 2015 年,随着智能手机的不断普及和网络技术的飞速进步,互联网金融高速发展,金融结合网络技术、大数据和人工智能等科技,向个人、小微企业、民营企业等多主体提供金融产品和金融服务。然而,随着互联网金融平台数量井喷式增长,网络借贷平台良莠不齐,金融风险不断加速累积。金融机构防范风险意识薄弱、比特币等虚拟资产跟风炒作以及客户的长尾性,都加大了互联网金融行业风险隐患。2015 年底,在线借贷平台爆雷和金融诈骗接连发生,风险事件不断升级,严重冲击了互联网金融行业的发展。2015 年起,互联网金融监管要求逐步严格,指导意见和管理办法密集出台,明确了互联网金融主要业态的业务边界和底线要求,逐步规范互联网金融市场秩序。

根据《中国互联网金融风险舆情报告》，互联网金融包括网络借贷、网络众筹、第三方支付、互联网理财、互联网保险、互联网基金、互联网信托、互联网消费金融、数字货币等多种形式。本节梳理了近几年来互联网金融主要业态出现的重要风险事件，发现网络借贷、互联网理财、互联网消费金融等是互联网金融风险重灾区，而网络众筹、互联网基金等形式下风险事件也时有发生。故本节选取了几个代表性的互联网金融风险事件，分析了其相关金融机构、风险事件产生背景，并厘清了事件中具体商业模式和涉及的金融产品，来研究互联网金融平台风险演变过程。

3.1.1 泛亚与日金宝

泛亚的全称为昆明泛亚有色金属交易所股份有限公司，于2011年2月成立，注册资本1亿元。泛亚作为全球非常大的稀有金属交易所，通过挂牌交易铟、锗、钴、钨等稀有金属，公开这些金属产品的交易价格和具体信息，加大了国内厂商的报价能力，初步取得了铟等金融的全球定价权。截至2012年年底，泛亚上市了铟、锗、钴、钨、硅3303、硅553、硅441、白银8种交易产品，总交易金额突破了1200亿元，通过泛亚交易所，有色金属企业卖出产品的销售额已经超过30亿元。

泛亚日金宝这一款理财产品，是基于泛亚金属交易所的金属交易业务推出的，其本质是货物抵押融资。该产品投资门槛为2万元，交收方式为T+1。投资者通过互联网购买日金宝，向需要融资的购货商提供资金，购货商先向泛亚支付20%的押金，并在全额支付货款之前每日向平台支付万分之五的滞纳金，平台抽取25%的佣金，剩余75%为投资者收益，换算成投资年化收益率约为13.68%。同时，交易所将资金作为货款支付给金属产品生产商，投资者拥有金属货物的质押权。在日金宝销售平台上，平台宣传交易所签约了中国银行、中国工商银行、中国农业银行等12家银行，对投资者资金进行存管，故日金宝不存在挪用风险，并保证一旦质押金属货物价格下跌，交易所会退还部分投资额，保证抵押品价格等同投资额。销售机构声称风险仅存在于配比率上，当平台提供资金大于融资需求时，投资者投入资金可能只能部分成交，年收益率可能达不到13.68%，但基本能实现11%。具体的业务流程图见图3.1。

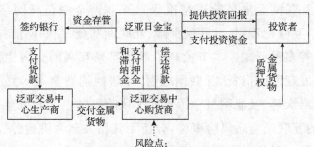

图 3.1　泛亚日金宝业务流程图及关键风险点

然而，在该模式中，由于泛亚拥有较大金属产品库存，供应远大于需求，加上泛亚交易所内价格高于现货市场价格，这就导致只有供货商向泛亚销售金属产品，而没有真实购货商买入货物，也就是说其实投资者就是实际的购货商。而为了满足支付日金宝投资收益的需求，泛亚交易所内金属产品的价格每年必须上涨，幅度大约在20%，并且吸引新的投资者投入资金，弥补资金流出。而当2014年股票上涨，股市呈现出牛市态势，股票投资收益率高于日金宝回报率时，购买日金宝的投资者数量下降，原本的投资者也转出资金进行股票投资，泛亚日金宝出现资金周转困难，而质押的金属产品价格也远远低于投资者投入资金，庞氏骗局难以为继，投资者无法取回本金，泛亚日金宝产品爆雷。根据统计，泛亚日金宝风险事件涉及全国20多个省份，经法院鉴定，截至2015年8月28日，泛亚吸收公众存款共计人民币近1 679亿元，涉及投资参与人员共计135 060人，造成338亿余元人民币无法偿还。

3.1.2　e租宝

e租宝是钰诚集团旗下的金易融（北京）网络科技有限公司，于2014年7月上线。其总部位于北京，注册资本金为1亿元，平台正式上线2个月不到，整体交易额达到2 000万元，跃居全国在线借贷平台前10。e租宝是以融资租赁和债权交易为基础的互联网平台，其采用A2B模式，实现互联网金融＋融资租赁。该模式下，融资租赁公司将债权转让给投资人，并通过"售后回租"和"直租租赁"模式为中小企业提供资金设备。e租宝在该模式中引入担保公司和保理公司，宣传其能保障投资者本息安全,避免承租企业违约风险,具体业务流程图见图3.2。e租宝投入大量广告,以低门槛、高流动性、高收益、保本保息为卖点,吸引投资者投资。根据e租宝官网,2015年6月21日,e租宝累计成交总额突破100亿元;2015年12月3日,e租宝累计成交总额突破723亿元。

2015年12月3日,深圳经侦突查e租宝,其因涉嫌集资诈骗罪、涉嫌非法吸收公众存款被立案调查。根据警方和检察院调查,从2014年7月e租宝上线至2015年12月,"钰诚系"相关犯罪嫌疑人以高额利息为诱饵,虚构融资租赁项目,持续采用借新还旧、自我担保等方式大量非法吸收公众资金,累计交易发生额达700多亿元。警方初步查明,e租宝实际吸收资金500余亿元,涉及投资人约90万名,涉案公司覆盖北京、上海、江苏、浙江等13个省市。

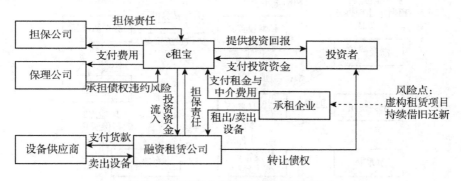

图3.2 e租宝业务流程图及关键风险点

3.1.3 招财宝与侨兴债

招财宝,全称为上海招财宝金融服务信息有限公司,于2014年4月3日宣布成立,为浙江蚂蚁小微金融服务集团有限公司旗下企业。其注册地为上海黄浦区,注册资本1 000万元。招财宝提供了更长期限、更高收益的理财产品,通过对接支付宝和余额宝,受益于其庞大的用户基础,实现了交易金额和交易用户飞速增长,截至2015年8月,招财宝平台用户已经超过700万人、交易规模突破2 700亿元。与余额宝货币基金属性不同,招财宝平台主要提供借款、基金、保险和债权4类产品。其中,借款类产品主要为个人贷和中小企业贷;基金主要为分级基金A类;保险为万能险产品;债权主要为地方股权交易中心提供的私募债券债权。与一般的网贷平台不同,招财宝推出的产品基本都有保险等第三方增信机构增信,吸引用户投资。

侨兴债是指广东惠州侨兴集团下属的 2 家公司侨兴电信和侨兴电讯于 2014 年 12 月 10 日在广东金融高新区股权交易中心备案发行的 2 笔私募债券,本金 10 亿元。这 2 笔债券由浙商财险提供保险,本息合计 11.46 亿元。由于浙商财险注册资本仅 15 亿元,兑付能力有限,侨兴集团董事长吴瑞林为这 2 笔债券提供反担保,承担无限连带责任。同时,广发银行惠州分行出于利益考虑,也为这 2 笔私募债提供了保函。最后,这 2 笔私募债券被发布在招财宝平台上。招财宝通过私募投资人投资、债权质押、个人贷款的形式,将私募债拆成多个理财产品,将私募债以"个人贷"形式面向普通投资者销售,具体业务流程图见图 3.3。

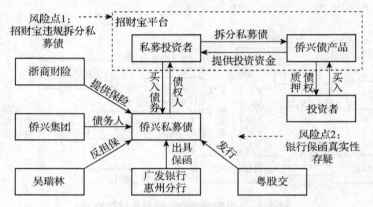

图 3.3 侨兴债业务流程图及关键风险点

侨兴集团 2015 年末总资产 241 亿元,总负债 112 亿元,资产负债率约为 46.47%,而净利润仅约 7 亿元,企业经营情况堪忧。2014 年,侨兴电信和侨兴电讯向广发银行惠州分行借款 3.48 亿元和 5.59 亿元,出于风险因素考虑,广发银行不愿意继续向其提供贷款,侨兴集团难以借新还旧,发行私募债成了侨兴集团的筹资选择。侨兴集团通过发行私募债筹得的 10 亿元中,7 亿元都被运用在偿还之前的银行贷款,仅 2 亿元被运用在具体的项目建设上。2016 年 12 月 20 号,招财宝平台发行的"侨兴电讯第一期至第七期"和"侨兴电信第一期至第七期"10 亿元私募债到期无法兑付,浙商财险公司以银行出具保函为由,要求广发银行赔付,而广发银行惠州分行声称保函均为假,公章被盗刻,向当地公安机关报案。2017 年底,银监会查明该案是广发银行惠州分行员工私刻公章、违规担保,此案最终涉案金额约 120 亿元。

3.1.4 蛋壳公寓与租金贷

蛋壳公寓是紫梧桐(北京)资产管理有限公司旗下品牌,于 2015 年 1 月成立。公司注册地位于北京,注册资本为 1 000 万元。2015 年,针对房价高、买房难等问题,国家出台了一系列政策,鼓励购租并举,要求加快培育和发展住房租赁市场。在国家鼓励租房市场发展的大背景下,蛋壳公寓等长租公寓平台迅速发展。蛋壳公寓以 O2O(Online to Offline)为商业模式,提供"互联网+房产+金融"产品和服务。2016 年,蛋壳公寓业务开始走出北京,逐步在深圳、上海等地布局。2017 年,蛋壳公寓在杭州和天津等地开展业务。到 2017 年 10 月,蛋壳公寓管理房间规模近 5 万间,在管资产规模超过 600 亿元。

租金贷是一种消费金融产品,通过推销这一金融产品,蛋壳公寓由一个互联网租房中介平台,转向了互联网金融领域。蛋壳公寓和微众银行展开合作,为租客提供租金贷,通过给予租客更低租金的方式,吸引租客与微众银行签订贷款合约。在租金贷模式下,租客分期向银行偿还贷款,银行一次性向蛋壳公寓支付全年租金,而蛋壳公寓仅需按月或按季度向房东支付租金。通过这一模式,蛋壳公寓形成了一个大规模资金池,通过出租房屋,蛋壳公寓可以获得这些房屋全年租金的使用权,支持蛋壳公寓飞速扩张,具体业务流程图见图 3.4。各种长租公寓为了占领市场,不惜以高于市场价的租金从房东处收房,然后以低于市场价的租金吸引租客贷款租房,依靠租客贷款得到的现金继续扩张,不断放大杠杆。之后,各类长租公寓纷纷通过 IPO(指首次公开募股)融资,获得现金来弥补内部现金流的短缺。

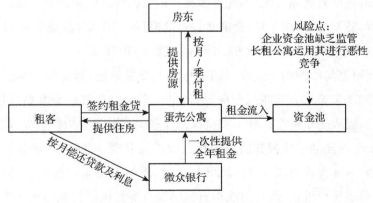

图 3.4 蛋壳公寓租金贷业务流程图及关键风险点

然而，2019年末，新冠疫情冲击使得租房市场下行，蛋壳公寓租金收入下降，公司资产负债率高达100％，亏损达到34.47亿元。根据蛋壳公寓招股书，2019年第三季度，蛋壳公寓从金融机构获取了31.6亿元租金预付款，从租客处取得7.9亿元预付款，企业内部现金流受到影响。同时，住房和城乡建设部、国家发展和改革委员会、公安部、国家市场监督管理总局、中国银行保险监督管理委员会（以下简称"银保监会"）、国家网信办六部门联合发布了《关于整顿规范住房租赁市场秩序的意见》，加强对"高进低出"和"长收短付"的监管，规定住房租金贷款金额占比不得超过30％，进一步冲击了蛋壳公寓等租房平台。2020年，蛋壳公寓经营陷入困境，管理层也出现动荡。10—11月，蛋壳公寓的负面消息不断发酵，关于蛋壳公寓拖欠承包商工程款、租客难以退押金、房东收不到房租的新闻不断涌现，租客、房东维权不断。

3.1.5 河南村镇银行取款难

河南新财富集团于2011年7月成立，注册地位于郑州，注册资本为1.16亿元。河南新财富集团实际控制人吕奕通过公司高管代持、交叉控股，实际控制了多家影子公司和城市商业银行，并通过这些影子公司和许昌农商行渗透了禹州新民生村镇银行、柘城黄淮村镇银行、上蔡惠民村镇银行、开封新东方村镇银行、固镇新淮河村镇银行、黄山黟县新淮河村镇银行6家村镇银行股权，部分关联关系见图3.5。相比于国有银行、股份制商业银行和城市商业银行，村镇银行设立门槛低。根据《村镇银行管理暂行规定》，在乡（镇）设立的村镇银行，其注册资本仅需高于100万元，且经营区域有限，不允许发放异地贷款和跨区域经营。从村镇银行发展现状来看，截至2020年9月，全国共有村镇银行1 641家，覆盖全国31个省份的1 306个县（市、旗），中西部占比65.8％，县域覆盖率71.2％。

河南新财富集团控制了这些村镇银行线上交易系统，运用度小满、滴滴金融、携程金融等34家第三方互联网金融平台、自营平台以及资金掮客高息揽储，并销售金融产品，吸收公众资金。除了直接挪用互联网理财吸取的资金外，河南新财富集团的影子公司还通过质押其所持银行股权进行套现，同时以公司贷款的方式转出银行资金，具体方式见图3.6。2022年6月，禹州新民生村镇银行、柘城黄淮村镇银行、上蔡惠民村镇银行、开封新东方村镇银行等村镇银行被曝无法取款。根据许昌警方通报,河南新财富集团实际控制人吕奕自 2011 年起就利用村镇银行实施了一系列严重犯罪。媒体根据银保监会透露的数据推算,此次风险事件涉及的群体约有 62.74 万户,资金约为 273 亿元,户均金额约 4.4 万元。

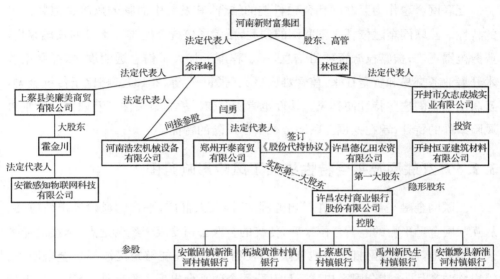

图 3.5 河南新财富集团与涉事村镇银行部分关联关系图

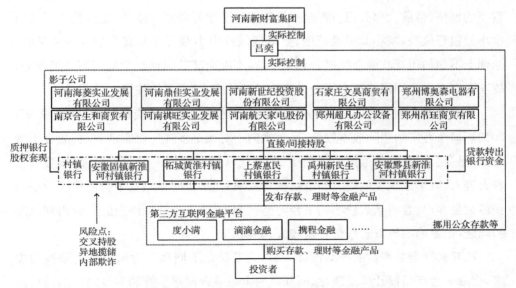

图 3.6 河南新财富集团挪用公众存款方式及关键风险点

3.2 互联网金融平台风险特征分析

互联网金融作为互联网和金融科技的结合,其发展中面临的风险也兼顾两者的特性。互联网金融依托于互联网的便利,覆盖了传统金融难以承接的长尾客户,业务范围更广;披露投融资项目信息,一定程度上加大了信息透明度;依托网络技术开展业务交易和资金往来,监管难度更大(张正平 等,2013)。相比于传统金融,互联网金融的这些特性使其风险特性也有所改变。故本节关注了互联网金融平台风险事件的特性,旨在挖掘互联网金融平台风险的特征。

3.2.1 互联网及平台特性扩大了风险影响范围

互联网金融平台风险事件影响范围广,涉及人群广,平台的风险溢出效应强。从互联网金融平台的经营范围来看,传统的金融公司受限于经营地点,承接的业务仅限于当地,而互联网打破了地域限制,使得金融公司能够跨区域提供金融服务、销售金融产品,承接全国客户。一旦互联网金融平台出现风险事件,全国各省市投资群体都会被波及,风险影响范围更大。以银行为例,银行在金融体系中占据至关重要的地位,目前大部分银行都会运用互联网金融开展线上业务,监管是为了约束中小型银行风险,减小其风险范围,要求区域性中小银行在开展存贷款等业务时,原则上不能利用互联网金融进行异地经营,不能突破其网点经营地范围开展业务,故互联网金融运用网络拓宽了金融机构经营范围,加大了风险影响范围。

从互联网金融平台的客户规模来看,互联网平台降低了交易成本(陆岷峰 等,2019),单个客户的边际成本较低,平台倾向于对接更多客户以实现收益,故在平台前期,平台公司往往会通过广告引流、明星代言等营销推广方式拉拢客户,吸引投资人进入,以形成规模效应。当市场较为成熟时,平台间强烈竞争会使得少数平台获得大量客户,客户基数较小的平台将会被淘汰,故一旦互联网金融平台出现风险和问题,被影响的投资者数量普遍较大,影响广泛。

从互联网金融平台的产品设计来看,为了满足不同客户对风险和流动性的需求,金融平台产品设计呈复杂化,而互联网金融平台规避监管和政策限制的动机进一步加深了产品的复杂性。金融机构通过拆分、嵌套等手段,层层包装基础资产,并通过拉高杠杆来撬动收益,放大了金融产品的风险水平以及风险范围。以招财宝平台侨兴债为例,侨兴集团仅通过债券筹资 10 亿元,但通过招财宝的拆分私募债券、绕开监管,引入保险机构发放个人贷,最终造成的影响达到了 120 亿元。

从互联网金融平台的商业模式来看,互联网金融平台作为中介对接了投资人与投资项目,在发布项目时,往往关联代销机构、增信机构等多家企业。然而平台自身责任界定不明,也缺乏对第三方机构的资质核实,担保、增信企业资质可能有限,容易引发更大范围金融风险。

从互联网金融平台的角色来看,目前,互联网金融平台并不单纯是信息中介,甚至起到了信用中介的功效(刘宪权,2016;宿营,2021)。互联网金融平台依靠信用存在,如果平台上的某类产品出现负面新闻,这会给投资者传递风险信号,甚至迫使投资者挤兑,放大了金融风险范围。

从互联网金融平台的客户结构来看,互联网金融平台的客户结构以中小型个人客户为主,其金融素质往往有限,对风险的识别能力弱,且风险承担能力更弱。一旦出现平台风险事件,产生的社会影响更广泛(程雪军,2021)。

3.2.2 互联网金融平台风险事件具有突发性和扩散性

除了影响范围更广外,互联网金融平台风险还具有突发性特性。对平台内投资人而言,互联网金融平台的经营状况是不透明的,投资人难以判断平台经营的实际情况,而互联网金融平台风险事件往往源于举报或者资金链断裂,缺乏风险征兆。平台风控不严和监管缺位分别从内部和外部使得互联网金融平台缺乏预警机制,风险难以被观测。同时,金融发展与宏观政策有很大关系,当相关政策出现变化或监管水平变动,互联网金融发展可能受到较大冲击,加大了风险的突发性。此外,一旦互联网金融平台风险累积到一定水平,由于互联网金融平台公司缺乏对应手段来降低风险,风险将长期处于高位水平,任何影响风险的因素都可能引爆平台风险,产生风险事件。

互联网金融平台风险也具有扩散快的特性。首先,互联网金融平台以分布式连接投资项目和投资者,风险在网络内扩散更快;其次,互联网金融平台关联多种类型金融机构,金融风险在机构间交叉传染,而互联网的快捷性更加加速了风险传播;最后,由于金融发展依赖于信用与声誉,各互联网金融平台通常依靠大量宣传或者大企业声誉积累信用,吸引投资者。然而,一旦平台内出现本金难以赎回或收益无法兑现的情况,平台乃至整个行业的信用都可能受到影响,风险信号将在投资人间迅速传递,容易引起投资者恐慌情绪,风险在关联网络内快速扩散。

3.2.3 互联网金融监管难度大,风险隐蔽性强

金融监管与金融创新一直是相辅相成、相互促进的两部分,金融创新伴随着金融风险,而金融监管规范金融机构行为,防范化解金融风险。互联网金融平台风险兼具隐蔽性高和埋伏期长的特性,如村镇银行取款难事件中,河南新财富集团从2011年起就开始逐步转移河南村镇银行资金,但直到2022年这些村镇银行出现取款难问题后风险才暴露出来。

从监管滞后性来看,金融监管往往滞后于金融创新(乔鹏程,2018)。互联网金融属于金融行业新兴领域,金融监管尚未跟上金融创新,相关法律及规定尚存在漏洞。一方面,严格的监管会扼杀创新,制约技术进步和金融发展,故在互联网金融发展的初期,监管较为宽松,大部分互联网金融平台上集聚了较大风险;另一方面,监管部门首次接触到相关技术和业务,可能无法及时发现产品风险点,并对风险水平进行合理评估,故监管难度较大,加上监管政策和规定考虑因素较多,其出台也会晚于金融创新。在蛋壳公寓风险事件中,租金贷等作为新的消费金融产品,创新了商业模式,该产品的关键风险点并未迅速暴露,在投入运行一段时间后,监管部门才发布了相关政策,对住房租金贷款金额占住房租赁企业租金收入的比例进行了约束。

从监管技术来看,互联网金融结合了互联网技术和金融科技,新技术的运用和新商业模式的出现使得金融交易和资金流动更加隐蔽,分布式资金与信息网络使得其流动难以追踪,风险的隐蔽性更强。互联网金融企业还有运用新技术逃避监管的动机,故金融监管技术必须随之革新,准确获取线上和线下交易信息,只有对交易大数据进行分析研判,才能准确评估风险,判断风险来源,进而化解互联网金融风险,将互联网金融风险控制在合理范围。

从互联网金融平台的角色定位来看,互联网金融平台的责任与法律地位尚不明确。传统金融机构已形成一套完整的监管体系,对机构的资本金、资金存管和资金用途都有明确要求,且不允许混业经营,金融风险被框定在一定范围内。而互联

网金融平台业务范围广、对接群体多样,然而平台的功能属性和责任范围划分不清晰,平台公司利用这点模糊自身角色定位,规避金融监管。

从互联网金融平台业务来看,互联网金融平台开展的业务种类较多。就理财平台而言,其业务范围囊括基金、保险、理财等多种金融产品,而资金往来又涉及银行、托管公司等,但我国金融业分业监管,分部门管理,不同监管机构间可能沟通协同有限,信息交换不畅,对互联网金融平台的监管可能存在漏洞(屈援 等,2014)。

3.2.4 互联网金融平台降低信息不对称风险效果有限

信息不对称风险是金融交易中面临的主要风险之一(张承惠,2016),由于交易双方对交易信息掌握程度不一,会存在道德风险和逆向选择问题,放大了金融交易的风险。相比于传统金融,互联网金融能够利用互联网技术,更进一步披露投资相关信息,在一定程度上缓解了信息不对称程度。然而,一方面,互联网平台对平台上披露的信息审核并不严格,存在虚构项目及项目信息吸引借款和投资的情况,逆向选择风险较大;另一方面,互联网金融平台特别是理财平台,在作为信息中介这一角色的同时,还会和代销公司有所关联,在发布理财产品通过隐瞒风险信息误导投资者,使投资人风险收益不对等。e租宝上存在很多虚假自融项目,招财宝也通过拆分侨兴私募债,将其以个人贷、企业贷形式进行包装和发布,使得投资者无法准确判断投资标的及投资风险,反而加大了信息不对称。

3.2.5 主要风险种类随互联网金融发展周期变化

互联网金融作为金融发展新方向,必然会面对传统金融所具有的流动性风险、市场风险、操作风险等。不过随着互联网金融的发展以及监管政策的变化,互联网金融进入了新的发展周期,面对的主要风险也产生了变化。

在互联网金融发展初期,互联网金融进入门槛低,互联网金融平台良莠不齐,加上互联网金融监管并不严格,许多诈骗团体利用互联网金融平台开展欺诈和非法集资活动。泛亚日金宝通过虚构金属购买商伪造交易,e租宝、中晋系等爆雷的在线借贷平台通过虚构投资项目欺诈投资者,并依赖于持续的借新还旧运营。这种模式下,资金链一旦出现问题,金融产品爆雷,投资人无法从交易平台取回本金和回报,公司高管或卷钱跑路,或被带走调查,关联方利益受损,庞氏骗局被戳穿。

随着互联网金融发展不断成熟，对互联网金融的监管也逐步完善。2015年起，监管机构出台了《关于促进互联网金融健康发展的指导意见》《互联网金融风险专项整治工作实施方案》等一系列政策来规范互联网金融公司经营，也发布了《关于整顿规范住房租赁市场秩序的意见》等行业政策来规范其他行业公司对互联网的运用。互联网金融平台经过整治后，风险事件中的诈骗和庞氏骗局数量下降，在最近的互联网金融风险事件中，互联网金融更多承担着吸引投资者资金的作用，此时互联网金融平台风险事件往往源于内部欺诈或者经营风险。比如蛋壳公寓运用租金贷吸收租客资金，由于缺乏第三方存管和监管，蛋壳公寓运用这笔资金疯狂扩张，但由于过度扩张和经营不善影响公司运营，最终公司难以向房东支付租金。根据分析可以发现，案例中的风险来源于蛋壳公寓过度扩张、经营不善和宏观环境变化，并不属于金融欺诈行为。

3.2.6　互联网和平台特性放大了垄断风险

互联网金融平台中垄断风险更加明显（尹振涛 等，2022），这主要是由三方面原因导致的。第一，由于平台的固有属性，拥有投资者（需求侧客户）数量更多的互联网金融平台具有吸引投资项目（供给侧产品）的优势，更多的投资项目和金融产品种类能进一步吸引投资者，进而扩大整个互联网金融平台的规模。这就使得拥有较多客户的平台更容易扩大规模，形成规模效应。第二，互联网的运用降低了客户加入成本，加上平台边际成本较低，互联网金融平台能以较低成本吸引客户。而由于网络效应的存在，客户更多的网络平台可以收获到更高的收益，进而开展经营并扩展业务。第三，互联网金融的发展依赖于信用和声誉，拥有更好信用和声誉的平台能够吸引更多客户，故互联网金融平台有扩大经营规模的动机，培养平台信用，吸引更多客户，但也容易形成不当竞争，最终产生垄断风险。

3.3　互联网金融平台风险事件驱动因素分析

基于互联网金融平台风险事件，本节进一步分析了风险的驱动因素，并分别从宏观和微观层面探究互联网金融平台风险积累的主要原因和引发互联网金融风险事件的主要因素。

3.3.1　政策变动、新冠疫情等宏观因素冲击

监管政策的变化是宏观方面风险变动的主要驱动因素。随着互联网金融的发展、在线借贷平台的接连爆雷以及校园贷等网络借贷乱象的出现,互联网金融监管政策相继出台,央行、银保监会等有关部门着手整治互联网金融风险,打击利用互联网金融平台违法违规行为以促进互联网金融规范有序地发展。随着《互联网金融风险专项整治工作实施方案》《关于进一步加强校园贷规范管理工作的通知》等监管文件的出台,不规范的互联网金融平台被迫整改,更严格的监管清洗了整个互联网金融行业,加速了部分平台的风险爆雷。

新冠疫情冲击也加大了互联网金融行业的风险水平。2019 年的新冠疫情加大了宏观经济发展的不确定性,对很多行业发展产生了负面影响(兰虹 等,2020)。实体行业经营不善,还款压力加大,经营风险也冲击了互联网金融行业。很多借款人抵抗风险能力差,疫情冲击下还款难,投资人难以收回本金和利息,导致借贷类金融产品违约。融资企业业务缩窄,资金链断裂,也难以偿债。比如蛋壳公寓受疫情影响,租金收入大幅下降,企业资金链断裂,无法支付房东租金,进而导致租金贷这一金融产品爆雷。

3.3.2　互联网金融平台的资金期限错配问题

资金期限错配是互联网金融平台流动性风险的主要来源(刘志洋,2021)。一方面,当互联网金融平台理财产品出现问题而无法及时兑付时,金融机构通常采取借新还旧的手段来弥补资金短缺,掩饰金融产品本身的风险和问题,加剧了平台的风险累积;另一方面,当资金需求端和供给端资金期限不同时,也会产生资金期限错配。当负债端对资金需求时间较长,而资金投资者对流动性要求更高,难以撮合成交时,互联网金融平台可能将长期需求拆分成多个短期产品,通过借新还旧进行销售。这样不仅加大了平台信息的不对称性,还加剧了平台的流动性风险;而当负债端资金需求更短,资产端提供资金时间较长时,在互联网金融平台内将会形成资金池,这使得互联网金融平台不再是单纯的信息中介,与其原本定位相违背,可能造成资金随意挪用、资金损失等风险。

3.3.3 互联网金融平台缺乏投资者适当性管理

互联网金融平台凭借其普惠性和便利性吸引了大量中小型投资者,投资者能快捷地进行线上交易。和传统金融不同,互联网金融投资门槛低,投资者通过简单的平台注册就能进行交易,1元起投的理财产品种类也较多。然而,大部分平台都未能做好投资者适当性管理工作,平台对投资人资质审核并不严格。这些互联网金融平台基本都未能充分评估投资者的财务状况、风险承担能力、金融素质,并为其推荐与之匹配的金融产品。相反,甚至刻意隐瞒理财产品基础资产和产品风险,鼓动投资人购买。投资者适当性管理作为金融行业基础性规范,违反和缺乏都可能会侵害投资者合法权益,加大了互联网金融平台风险累积,进而引爆平台风险。

3.3.4 互联网金融平台准入门槛低

相比于传统金融业,互联网金融领域进入门槛较低。传统金融业对金融机构的资本金、资本充足率等指标有严格要求,也通过发放金融牌照批准相关金融机构开展有关业务。而互联网金融平台注册资金成本要求非常低,并且由于其法律地位的模糊,缺乏机构对其相应财务指标和信息披露进行监管,不法分子利用互联网金融进行诈骗的成本较低。这导致在互联网金融发展初期,市场内平台鱼龙混杂,操作风险较大。平台高管卷钱跑路、内部欺诈事件时有发生,加大了互联网金融行业风险水平,也放大了金融业的系统性风险水平。

3.3.5 互联网金融平台缺乏风险控制和投资者保护

互联网金融企业本应该设立相应部门,对平台内产品的风险进行评估和管理,但是很多平台为了增加平台内投资项目和自身收益,未能对出借人、投资项目、金融产品的信用度、风险等级、信息真实性进行认真核实,这导致很多虚假项目或风险过高的金融产品出现在平台内,增大了平台的风险水平(卢馨 等,2015)。以网络借贷为例,在贷前管理这一步,互联网金融机构信用评估体系不健全,风控体系不完善,导致平台可能面临较高的违约率和流动性风险。

同时,不像银行等金融机构有较完善的贷后管理,大部分互联网金融平台也未能承担起对项目资金运用的追踪监管、定期检查、风险预警等相关职责,对项目风险变化把控不严,无法及时披露项目情况,平台内风险控制缺位。

而在内部控制上,内控体系不健全加剧了金融风险。互联网金融平台上可能累积大量的沉淀资金,这部分资金运用并不透明,大部分平台往往缺乏第三方资金托管,加大了平台上的操作风险。互联网金融平台可能利用监管漏洞,恶意挪用投资者资金,侵害投资者利益,甚至产生欺诈等行为。

互联网金融平台投资者保护缺位也是风险事件发生的重要驱动因素。互联网金融平台上金融产品设计时,各金融机构,如增信、担保等相关方责任界定并不清晰,风险管理意识不强。在发生风险事件后,投资者资金难以被追回,赔偿方案确认时间长,投资者维权难度大。

参考文献

程雪军,2021. 中国消费金融的风险特征、形成机理与防范对策[J]. 兰州学刊(7):72-90.

兰虹,赵佳伟,2020. 新冠疫情背景下新零售行业发展面临的机遇、挑战与应对策略[J]. 西南金融(7):3-16.

刘宪权,2016. 互联网金融平台的刑事风险及责任边界[J]. 环球法律评论,38(5):78-91.

刘志洋,2021. 金融科技的主要功能、风险特征与规范监管[J]. 南方金融(10):63-71.

卢馨,李慧敏,2015. P2P 网络借贷的运行模式与风险管控[J]. 改革(2):60-68.

陆岷峰,徐博欢,2019. 普惠金融:发展现状、风险特征与管理研究[J]. 当代经济管理,41(3):73-79.

乔鹏程,2018. 回归金融本质:互联网金融创新与"e 租宝"案[J]. 财经理论与实践,39(1):19-26.

屈援,李安,2014. 互联网金融的风险特征、监管原则与监管路径[J]. 学术交流(8):137-141.

宿营,2021. 猫虎之辨:互联网金融平台定位的信息中介与信用中介之争[J]. 法学论坛,36(3):101-111.

尹振涛，陈媛先，徐建军，2022. 平台经济的典型特征、垄断分析与反垄断监管[J]. 南开管理评论，25(3)：213-224.

张承惠，2016. 中国互联网金融的监管与发展[J]. 金融论坛，21(10)：13-17.

张正平，胡夏露，2013. P2P 网络借贷：国际发展与中国实践[J]. 北京工商大学学报(社会科学版)，28(2)：87-94.

第四章　互联网金融平台对金融体系的风险溢出效应

互联网金融平台作为一种新兴的金融业务载体，汇集"资金流、信息流和物质流"，对传统的金融业态有着颠覆性的影响。今天，作为消费者，我们已逐渐习惯了互联网金融所带来的改变，平台已渗入金融服务的方方面面。从研究者的视角来看，互联网金融平台的风险并没有因为"新"而变"少"，而且这样的风险还对金融体系产生了溢出效应。因此，本章着重从时间和行业维度来分析互联网金融平台的风险溢出效应。

4.1 研究背景

互联网金融业是现代互联网技术与传统金融业相融合的新型金融业态，它在不改变本身金融属性的前提下，借助互联网平台提供个性化金融服务，能够提高资源配置效率，更高程度地进行资金融通。2013年被称为"中国互联网金融元年"，自那以后，我国互联网金融业呈现出"井喷式"发展，互联网金融以互联网理财产品、在线借贷平台、第三方支付、众筹等模式迅速渗透到人们生活的方方面面，给人们的生活带来了许多便利。但给人们带来高效便捷的同时，由于自身行业具有的普惠性、技术性等特点，再加之互联网金融方面的监管起步较晚，互联网金融平台往往存在着比传统金融行业更多类型、更深层次的新型风险，例如信用风险、技术风险等。近年来，多起互联网金融平台爆雷事件损害了众多参与者的利益，给社会与经济带来了一定的影响，受到了社会各方面的关注与相关部门的重视。各类互联网理财平台风险频出，2018年在线借贷平台的"爆雷潮"，许多众筹公司携款跑路,第三方支付平台遭到攻击、倒闭等事件层出不穷,一些非法集资、恶意诈骗等负面新闻屡见不鲜,这些事情的出现提醒着我们,在享受互联网金融平台带来的福利的同时,也要时刻关注其潜在的风险。

互联网金融平台的风险一旦爆发,其风险不仅会在内部进行传染,造成众多互联网平台接连出现问题,还可能会沿着各种渠道传染到金融体系的其他行业或领域中。由于互联网技术本身具有开放性的特点,互联网金融的风险比起传统金融行业的风险更容易进行跨市场、跨地区传播,这意味着在互联网金融领域发生的风险事件不仅会给本身带来损失,可能还会给传统金融行业或者其他地区的金融机构带来信用风险、流动性风险等问题,甚至对整个金融体系都产生外溢效应。如今,传统金融行业、区域金融以及互联网金融业都是我国金融体系中重要的部分,其稳定性会影响我国整个经济的运行,而互联网金融平台频发的风险事件及其潜在的溢出效应可能会对整个金融行业与宏观经济的平稳运行带来冲击与挑战。对我国互联网金融平台风险溢出效应进行研究可以更好地了解到潜在风险的传导机制、渠道,以此更好地对其进行监管与防范,对完善金融行业的风险管理以及促进金融体系健康稳定地发展具有重要意义,近年来也逐渐开始受到国内学者的关注。

4.2 文献回顾

近年来,互联网金融行业快速发展,在给人们带来便利的同时,也由于自身的特性存在着比传统金融行业更多类型、更深层次的风险。随着互联网金融行业的不断壮大,对互联网金融风险的研究也逐渐受到国内外学者的关注。Kumar(2007)通过分析网贷平台的数据,发现许多信誉较低的人通过加入信誉高的团体的方式来获取更多的借款,使得互联网金融平台违约风险增加。学者使用模糊综合评价法对互联网金融风险进行评估,并对互联网金融的风险区分不同等级,根据重要性进行了排序。Xu 等(2020)以具有代表性的互联网金融风险因子作为节点,建立复杂网络模型对互联网金融系统性风险进行分析。2013 年之后,越来越多的国内学者对互联网金融展开研究。早期国内学者对互联网金融的风险研究主要集中在定性分析上。闫真宇(2013)认为"互联网+金融"的双重特性将决定其风险会比传统的金融行业风险更加复杂,并具体指出互联网金融主要具有法律政策风险、网络技术风险、洗钱犯罪风险、货币政策风险、业务管理风险5种风险。而郑联盛(2014)则认为互联网金融风险具有两面性:一方面,互联网金融的引入提高了金融风险管理的效率;另一方面,由于其具有三重风险,又可能会带来新的金融风险。后来,逐渐有学者开始对互联网金融风险进行量化分析。宋光辉等(2014)以余额宝每万份收益数据为例对互联网金融风险进行度量,其分别建立了GARCH-VaR以及GARCH-CVaR模型,实证结果表明,GARCH-CVaR模型能够较好地对互联网金融风险进行度量。魏源(2018)以在线借贷平台的日收益率数据为例,提出基于蒙特卡洛模拟的VaR方法,拟合结果表明其能够较好地对互联网金融风险进行测量。陈耀辉等(2021)以2种货币基金的7日年化收益率为研究对象,建立了Copula-GARCH模型,并对其风险进行测度。

除了对互联网金融本身存在的风险进行研究外,国内外学者也注重研究互联网金融的发展给其他行业带来的影响,其研究对象主要集中在对商业银行的影响上。Acharya等(2004)通过研究发现,互联网金融给社区银行带来了许多竞争压力。Lapavitsas等(2008)认为互联网金融给银行带来了技术方面的进步,有助于其更好地进行信誉评估以及风险管理。Raza等(2013)认为,银行行业使用互联网金融更能够提供安全与隐私方面的保障,而且还能够提高效率、降低成本,获得更多利润。戴国强等(2014)使用模型分析和数值模拟的方法,最终得到互联网金融会增加银行风险的结论。刘忠璐(2016)使用我国143家商业银行的数据,同样采用系统广义矩估计方法,得到互联网金融会降低商业银行的风险承担的结论。不同于郭品等(2015)得到的互联网金融对商业银行风险承担的影响呈现U形趋势的结论,王升等(2021)采用动态面板广义矩估计方法对我国30家商业银行的数据进行研究,结果表明互联网金融对商业银行风险承担的影响呈现出先增后减的趋势,即互联网金融在发展初期将会提升其风险承担,但随后将有助于降低银行风险承担成本。李淑萍等(2020)以我国61家银行数据为样本,采用差分广义矩估计方法进行实证研究,实证结论表明互联网金融提高了商业银行总体风险承担,且不同系统重要性程度的商业银行风险承担的影响不同。何运信等(2021)从理论与实证2个层面进行分析,认为互联网金融会增加银行风险承担。

除了研究对商业银行的影响外,也有部分学者研究互联网金融对区域金融风险的影响。吴诗伟等(2015)通过建立空间杜宾模型进行实证分析,得到互联网金融的发展会加大区域金融风险并且加剧了金融风险溢出的结论。谭中明等(2020)从理论和实证2个方面进行分析,都得到了互联网金融会增加区域金融风险积累的结论。马若微等(2022)构建我国31省市的金融压力指数,通过建立线性概率模型进行实证分析,实证结果表明,互联网金融的发展会降低区域金融风险。

在互联网金融的风险溢出效应方面,国外学者对此方面的研究较少,国内学者的研究对象集中在对传统金融行业的溢出效应上,主要包括对传统商业银行业、证券业以及保险业的溢出效应。在对互联网金融的风险溢出效应进行量化分析方面,不同的学者使用的模型与方法有所不同。刘晔等(2018)、翁志超等(2019)分别使用交叉相关函数的信息溢出检验方法与GARCH-Copula-CoVaR模型来研究互联网金融对银行的风险溢出效应。代婉瑞等(2020)采用分位数回归的CoVaR模型来探究互联网金融与我国商业银行之间的双向风险溢出效应。马理等(2019)、李竹薇等(2021)分别构建EGARCH-POT-Copula-CoVaR模型与Copula-ARMRGARCH-CoVaR模型来研究互联网金融对传统金融业的溢出效应。在具体的溢出机制上,张晓朴(2014)指出因业务关联、声誉风险等因素,互联网金融与传统金融行业之间容易引发风险传染。马理等(2019)从技术、资金、业务渠道角度分别分析了互联网金融业与银行业、证券业和保险业3个传统金融行业的关联性与风险溢出效应。田雅群等(2022)从银行负债、资产和中间业务3个角度来分析互联网金融对农村商业银行风险的影响。高惺惟(2022)从理论基础、基因耦合度、传导载体与链条以及传染模式等角度分析了互联网金融风险与传统金融风险的一致性,从而判断出两者容易产生共振效应。

此外,随着在线借贷平台的发展以及此行业中各种问题的频繁出现,逐渐有学者单独对互联网金融平台中网贷平台进行研究。韦起等(2015)通过进行理论与实证两方面的分析发现,相比股票市场而言,传统商业银行更容易受到网贷平台的风险溢出影响,且风险溢出效应通常体现为直接和间接两方面。刘镜秀等(2016)通过构建模型研究我国在线借贷平台对股票市场以及债券市场的风险溢出效应,实证结果表明,在线借贷平台对我国股票市场和债券市场几乎不存在风险溢出效应。温春然等(2019)构建空间杜宾模型来分析网贷平台的区域金融风险溢出效应,实证结果表明,网贷平台的发展不会提升区域金融风险。汪明峰等(2021)对在线借贷平台存续时间的影响因素进行分析。

在互联网金融风险的监管与防控方面,刘乃梁等(2022)认为治理好金融科技数据垄断问题有助于整个互联网金融业的健康发展。夏雨等(2022)基于LDA模型以及语义情感分析挖掘"蚂蚁金服"事件的互联网金融监管蕴意,并为互联网金融监管提出建议。王昱等(2022)运用决策实验室法和解释结构模型来研究互联网金融的法律风险、信用风险、安全风险以及经营风险的防控路径,并探究区块链技术在其中发挥的作用。

总的来说,现阶段国内外学者研究互联网金融给商业银行带来的影响,还没有得到统一的结论。但影响主要可以分为两个方面:一方面,互联网金融会对银行业务等方面造成冲击,增加了银行各方面的风险;另一方面,互联网金融能够给银行带来许多技术、效率等方面的提升,降低了商业银行的成本与风险承担。国内学者在研究互联网金融的风险溢出效应时,研究对象大部分集中在对传统商业银行业的溢出效应,也有部分学者对证券业以及保险业的溢出效应进行研究,主流的研究方法为 CoVaR 方法,在对 CoVaR 值进行估算时,使用的方法有所差异,大致可以归为使用分位数回归法、Copula 函数估算、GARCH 类模型等。在研究对区域金融的影响时,主要通过构建区域金融风险指数,建立杜宾模型来进行研究。

4.3 理论机制分析

(一)互联网金融平台对传统金融业风险溢出效应理论机制分析

传统金融行业主要包括银行、证券、保险、基金、期货等行业,逐一分析互联网金融平台对所有传统金融行业的风险溢出效应过于烦琐,而银行业作为我国金融体系中的核心行业,在传统金融业中占据着主导地位,再加之互联网金融行业给银行业带来的转型机遇与挑战在所有传统金融行业中最为显著,也最受众多学者关注,因此本节主要以银行业为传统金融业的代表进行互联网金融平台的风险溢出效应分析。简单来说,互联网金融平台对银行业风险溢出渠道主要可以分为直接渠道与间接渠道,直接渠道可以分为业务渠道与技术渠道两类。

业务渠道方面,互联网金融平台对银行业风险主要是通过表内业务、中间业务以及其他业务渠道溢出,其中,表内业务可以进一步分为资产业务与负债业务。商业银行的资产主要包括现金资产、贷款、证券投资以及固定资产等,而贷款业务在资产业务中占据着重要的地位,在线借贷平台等互联网平台的快速崛起给银行业的贷款业务带来了挑战。根据长尾理论,80%长尾的小微企业与个人的贷款需求总量远远大于20%头部大型企业的贷款需求,但由于风险承受能力弱、成本高等,处于"长尾"客户的贷款需求往往很难从商业银行得到满足,而在线借贷平台能够凭借自身技术优势,为小微企业与个人提供贷款服务。小微企业以及个人贷款方面,互联网金融平台比商业银行在客户规模、交易成本等方面具有优势,能更好地满足小微企业与个人的贷款需求。因此,互联网金融的迅速发展对商业银行的贷款业务产生了一定的冲击,许多银行可能会为了争夺业务而降低贷款审核标准或者选择风险较高的业务,带来潜在的信用风险。此外,互联网金融平台的兴起还对商业银行的银行卡业务有一定冲击。支付宝中的"花呗"等平台的功能与商业银行中的信用卡功能类似,这些平台往往与电商平台绑定,且没有年费,使得商业银行流失部分客户,盈利能力受到一定影响。

商业银行的负债主要包括存款、借入资金、占用资金以及回购协议,其中,吸收存款是银行资金最主要的来源。而互联网金融平台通过影响银行存款规模以及付息成本两种方式来影响银行的存款业务,从而给银行带来风险。以"余额宝"为代表的宝宝类产品具有利率高、门槛低、存取方便等特点,许多人将自己的闲置资金放入这些理财产品中,使得本应该放入商业银行活期存款的资金减少,银行的存款业务被分流,银行资金来源减少。此外,与贷款业务类似,商业银行更关注于大型企业或者资金较多的大客户,一般仅对他们提供个性化业务服务,而忽略了处于"长尾"的客户。相比较而言,互联网金融平台更具有普惠性,其通过对"长尾"客户交易数据或者经营数据信息进行分析来掌握其信用状况,有针对性地满足这个群体的投融资需求(喻微锋 等,2021),从而吸收到这一部分客户的存款。两种方式均可能造成银行活期存款大量流失,流动性下降,流动性风险随之增加。此外，互联网金融平台的发展会加速利率市场化，通过市场竞争的方式使得以银行为主导的定价模式逐渐被改变。商业银行为了获取存款逐渐增加其存款利率或者发行类似于"余额宝"类产品来吸引资金，付息成本随之增加，传统商业银行失去了享受高利差收益的优势，银行盈利能力受到影响，在一定程度上增加了银行的风险。

银行的中间业务主要包括结算业务、信托业务、租赁业务、综合理财等，银行主要通过为客户提供各类金融服务并收取手续费或者佣金来赚取利润。以微信、支付宝等为代表的第三方支付平台的兴起打破了银行在交易和结算上一家独大的局面，这些互联网金融平台凭借自身方便、快捷等特点吸引了一大批用户，使得使用银行进行支付的用户逐渐减少，银行手续费收入减少，影响银行的利润。随着互联网金融平台的不断壮大，互联网金融平台的业务开始逐渐涵盖一些代销业务，比如理财产品在线销售、保险基金代销等，由于用户使用习惯已经形成，许多用户会直接选择在这些互联网平台上进行理财产品或者基金保险的购买，而传统商业银行的中间业务将由此受到冲击，银行从中赚取的佣金减少，利润降低。除了具有这些竞争业务以外，互联网金融平台与商业银行之间还会有一些关联业务，风险可能也会沿着这些业务进行传导。网贷行为监管 10 项原则中指出，在线借贷平台资金必须托管（韦起 等，2015）。大部分互联网金融平台会选择商业银行来进行资金托管合作，而银行在选择为互联网金融平台进行资金托管时，无形之中又为其做了信用背书。由于在线借贷平台中时常存在着许多虚拟交易，银行很难对每条交易进行核实，一旦这些平台出现危机，将会增加银行资金管理难度，对银行信用带来负面影响，增加银行的风险。除此之外，由于互联网金融平台自有资金较少，其通常是商业银行的贷款人，两者之间存在着债务关系。当互联网金融平台遭遇到流动性风险或者出现平台携款逃跑等情况时，作为出借方的商业银行便会受到影响，造成资金损失，风险便从互联网金融平台传导到商业银行。

技术渠道方面，互联网金融平台的发展在给银行带来技术便利的同时，其风险也会沿着此渠道传导到银行。互联网金融平台的出现促使商业银行往线上业务发展，比如开通手机银行、网上银行等，很大程度上简化了办公流程，降低管理成本，从而实现信息化、流程化、集约化和高效化的管理。但由于互联网系统本身就具有安全风险，互联网平台与金融相结合后又会涉及资金方面的交易，其容易遭到黑客或者病毒的攻击,因此会影响交易的安全性,出现用户信息数据泄露、篡改或者盗用等情况,甚至会造成经济损失,引起公众恐慌。再加上现阶段许多技术还不够成熟,在使用的过程中也会带来潜在的风险,比如用大数据进行风险管理时,由于较难获取用户信用方面的全部数据,造成基于数据与算法的信用风险模型不够准确(王志宏 等,2021),其在风险管控以及产品开发等方面存在问题,最终累积产生技术风险与信用风险。此外,在业务的管理过程中由工作人员带来的操作失误、主观判断等操作风险也是银行潜在的风险来源。这些技术风险往往隐蔽性较强,银行不容易及时发现,增加了银行监管难度,风险管理受到较大威胁。

除了上述两个直接渠道以外,还有一些间接渠道会使得互联网金融平台的风险向银行溢出。一方面,互联网金融平台通过信息渠道向银行业溢出。当某一个互联网金融平台出现违约或者携款逃跑时,出借人会根据平台性质、运营模式等对同类平台持有负面评价。同时,某个平台的出借人可能也不只参与一个互联网金融平台,其中一个平台出现信用风险也会影响出借人对其他参与平台的看法,其他平台将会承担投资者的消极预期。互联网金融技术会加快信息的传播速度,使得情绪传播得更快,羊群效应更加显著,甚至导致挤兑现象的出现,这不仅会影响与问题平台直接有业务关联的银行,还会通过信息渠道影响用户情绪,对其他银行也会造成影响。并且,当用户对整个市场信心不足时,不仅会对互联网金融平台产生抵触情绪,甚至也同样会怀疑商业银行的网上平台,对银行业的稳定带来冲击。另一方面,互联网金融平台还可以通过引发系统性风险使得银行业风险增加。相比传统商业银行而言,互联网金融平台不受资本充足率等各类指标的限制,缺乏面对非预期损失的缓冲。且为了吸引用户,其利率通常高于商业银行利率,但给出借人更高的利率通常意味着借款人也会以更高的利率进行借款,较高的借款率又容易引发违约风险,当较多的借款方违约,会引起市场波动,最终风险传递到银行业中。此外,在线借贷平台通道模式的出现使得操作过程中的业务链条过长,由此,一旦业务链上某个环节发生风险,会沿着业务链影响其他机构,并且逐层放大,最终造成系统性风险,从而对银行的经营形成危害(韦起 等,2015)。互联网金融平台对传统金融业风险溢出效应机制见图4.1。

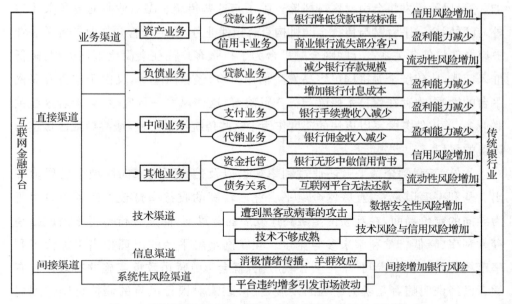

图 4.1　互联网金融平台对传统金融业风险溢出效应机制

（二）互联网金融平台对区域金融风险溢出效应理论机制分析

随着互联网金融平台的不断发展以及使用互联网金融平台的用户不断增多，互联网金融逐渐成为我国金融系统中不可或缺的一部分，其逐渐与实体经济甚至整个金融系统都互相渗透、影响。互联网金融平台的不断壮大能够提高各类资源在区域间的配置效率，从而促进区域经济的发展。然而，当互联网金融平台出现风险时，不仅会对上述银行等传统金融机构产生影响，还会通过与传统金融行业之间竞争与关联关系、利率渠道以及信贷渠道的方式对所在区域金融带来风险，情况严重时甚至会引起宏观经济体系的波动，带来系统性风险。

互联网金融平台可以通过与传统金融行业之间业务竞争与业务关联关系来影响区域金融风险。如前面所分析的那样，互联网金融平台凭借其快速、便捷、利率高等特点分流了传统金融行业的贷款、存款、中间业务等基本业务，压缩了传统金融行业的利润空间，挤占了它们的市场份额，两者之间存在着业务竞争。特别是对于中小金融机构而言，它们参加业务竞争时的议价能力、抗风险能力都相对较弱，而这些中小金融机构通常为地方金融机构，主要服务于地方实体企业与地方经济发展，互联网金融平台的出现使得这些传统金融机构盈利能力减少，经营风险增加，一旦风险爆发将会引发区域风险。除了与这些传统金融行业具有竞争关系以外，互联网金融平台又与传统金融机构具有担保业务、资金托管合作业务等关联业务以及债权债务关系。互联网金融平台为了扩张客户往往会简化审核流程，降低准入门槛，比传统金融机构更容易发生信用风险、经营风险等，又由于本身互联网平台的性质，也存在着技术风险与操作风险等，这些风险一旦发生，会沿着这些关联业务、债权债务关系以更快的速度作用于这些传统金融行业，最终导致区域金融风险的累积。

此外，互联网金融平台还通过利率渠道以及信贷渠道来向区域金融风险溢出。从利率渠道来看，互联网金融平台凭借较高的收益率打破了市场中以银行为导向的定价局面，在互联网金融高速发展的背景下，商业银行不得不由此提高存款利率、降低贷款利率来参与竞争。互联网金融平台的出现相当于加快了利率市场化的步伐，而当利率逐渐去政府化，就会影响货币政策实施的有效性。有学者已经证明随着互联网金融的发展，货币政策对银行风险的调控机制遭到弱化（喻微锋 等，2022）。此外，互联网金融平台的出现使得货币层次变得模糊，影响央行对货币供给的掌控。当央行对货币的把控能力下降，货币政策将不能较好地调控银行风险，同时也不能较好地对宏观经济进行调节，这可能会给银行甚至整个宏观经济带来冲击，最终引发区域金融风险。从信贷渠道来看，一方面，互联网金融平台会因为信贷业务直接向区域金融风险溢出。互联网金融平台的发展对传统金融行业的信贷模式带来了冲击，虽然其可以在一定程度上解决中小企业或者个人融资难的问题，从而促进实体经济的发展，但由于现阶段我国还没有建立起较为完善的信用体系，互联网金融平台在进行贷款信息审核时仍然面临着信息不对称的问题，使得其违约概率较高。而当违约大量发生时，互联网金融平台又会遭遇流动性风险，最终导致区域风险不断累积。另一方面，互联网金融平台会在一定程度上弱化货币政策银行信贷渠道的传导效果（战明华 等，2018）。当央行实施紧缩的货币政策时，若没有互联网金融的参与，银行的放贷规模会由于存款规模的下降而下降。但互联网金融平台的出现使得企业与个人投资者可以主动寻求互联网金融平台来进行借款，货币政策的银行信贷渠道受阻。由于信贷渠道受到影响，货币政策对银行风险的调控难度进一步加大，央行对宏观经济的调控可能也会因此受到影响，从而使得潜在的区域风险增大。互联网金融平台对区域金融风险溢出效应机制见图 4.2。

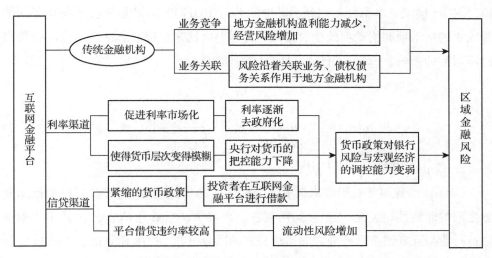

图 4.2　互联网金融平台对区域金融风险溢出效应机制

4.4　实证分析

4.4.1　模型介绍

（一）GARCH-Copula-CoVaR 模型介绍

1. GARCH 类模型

本书使用 GARCH 类模型来描述单个收益率序列的边缘分布情况，GARCH(p,q) 的一般表达式如下：

$$\varepsilon_t = \sqrt{h_t} v_t$$
$$h_t = \alpha_0 + \sum_{i=1}^{p} \beta_i h_{t-i} + \sum_{i=1}^{q} \alpha_i \varepsilon_{t-i}^2 \quad (4.1)$$

其中，$\alpha_0 > 0, \beta_i \geq 0 (i=1,2,\cdots,p), \alpha_i \geq 0 (i=1,2,\cdots,q), p \geq 0, q \geq 0, v_t$ 可服从任意分布，本书中假设其服从偏 t 分布。一般而言，GARCH(1,1) 便可以较好地捕捉金融时间序列中的波动，即取上述式子中 $p=1, q=1$。现实中，市场中的正负向冲击对波动率产生的影响经常是不对称的，通常，利空消息给市场带来的冲击比其利好消息更为剧烈，而 GARCH 模型假定正负影响是对称的，有时不能较好地捕捉这种杠杆效应。在此背景下，许多模型的出现解决了此问题，比如 TGARCH 模型、

EGARCH 模型。本书便使用到了其中的 EGARCH 模型,此模型分别使用了均值等式中的扰动项和扰动项的绝对值及其标准差之比来捕捉政府冲击给波动性带来的不对称的影响。EGARCH(1,1)的具体形式为:

$$\varepsilon_t = \sqrt{h_t} v_t$$

$$\ln(h_t) = \alpha_0 + \theta \frac{\varepsilon_{t-1}}{\sqrt{h_{t-1}}} + \alpha_1 \frac{|\varepsilon_{t-1}|}{\sqrt{h_{t-1}}} + \beta_1 \ln h_{t-1} \tag{4.2}$$

2. Copula 函数

Copula 函数通常被用来刻画不同变量之间的相关性,其能够较好地捕捉到变量之间的非线性相关性,逐渐被运用到各个领域中。本书将 Copula 函数用于刻画银行行业与互联网金融行业之间边缘分布的联合分布,其中,用到的 t-Copula 的分布函数表达式为:

$$C(u,v;\rho,\nu) = \int_{-\infty}^{T_v^{-1}(u)} \int_{-\infty}^{T_v^{-1}(v)} \frac{1}{2\pi\sqrt{1-\rho^2}} \left[1 + \frac{s^2 - 2\rho st + t^2}{v(1-\rho^2)}\right]^{-\frac{v+2}{2}} ds dt \tag{4.3}$$

其中,$\rho \in (-1,1)$,$T_v^{-1}(\cdot)$ 是自由度为 v 的 t 分布函数的反函数。

3. CoVaR 方法介绍

在险价值(Value at Risk)通常被简称为 VaR,其表示在置信水平为 $1-\alpha$ 下,某个资产在持有期内的损失上限值,具体表达式为:

$$P(R_t^i \leqslant \text{VaR}_{\alpha,t}^i) = \alpha \tag{4.4}$$

本书建立 GARCH 模型来求其 VaR 值,计算公式可表示为:

$$\text{VaR}_t = u_t + t^{-1}(\alpha)\sigma_t \tag{4.5}$$

其中,u_t、σ_t 分别为条件均值与条件标准差,$t^{-1}(\alpha)$ 为标准化偏 t 分布的 α 分位数。

条件在险价值(Conditional Value at Risk),即 CoVaR 通常被用来衡量风险溢出效应,其表示在置信水平 $1-\beta$ 下,当某个金融机构或市场 i 处于 $\text{VaR}_{\alpha,t}^i$ 时,另一个金融机构或市场 j 的条件在险价值,可表示为下列式子:

$$P(R_t^j \leqslant \text{CoVaR}_{\beta,t}^{j|i} | R_t^i \leqslant \text{VaR}_{\alpha,t}^i) = \beta \tag{4.6}$$

此公式是一个条件概率公式,还可以表示为:

$$\frac{P(R_t^j \leqslant \mathrm{CoVaR}_{\beta,t}^{j|i}, R_t^i \leqslant \mathrm{VaR}_{a,t}^i)}{P(R_t^i \leqslant \mathrm{VaR}_{a,t}^i)} = \beta \qquad (4.7)$$

将公式(4.4)带入式(4.7)可以将其写为 $P(R_t^j \leqslant \mathrm{CoVaR}_{\beta,t}^{j|i}, R_t^i \leqslant \mathrm{VaR}_{a,t}^i) = \alpha\beta$，进一步将其写成二重积分形式以及联合分布函数形式为：

$$\int_{-\infty}^{\mathrm{CoVaR}_{\beta,t}^{j|i}} \int_{-\infty}^{\mathrm{VaR}_{a,t}^i} f_t(R_t^j, R_t^i) \mathrm{d}R_t^j \mathrm{d}R_t^i = F_{R_t^j, R_t^i}(\mathrm{CoVaR}_{\beta,t}^{j|i}, \mathrm{VaR}_{a,t}^i) = \alpha\beta \quad (4.8)$$

利用 Copula 理论，可将联合分布函数的形式转化为 $C(u,v) = \alpha\beta$。其中，$C(\cdot,\cdot)$ 为 Copula 函数，$u = F_{R_t^j}(\mathrm{CoVaR}_{\beta,t}^{j|i})$，$v = F_{R_t^i}(\mathrm{VaR}_{a,t}^i) = \alpha$，$F_{R_t^j}$ 与 $F_{R_t^i}$ 分别为两个序列的边缘分布函数，可通过建立 GARCH 类模型拟合得到。将上述变量代入可得：

$$C(F_{R_t^j}(\mathrm{CoVaR}_{\beta,t}^{j|i}), \alpha) = \alpha\beta \qquad (4.9)$$

其中，由设定的 Copula 函数、α 与 β 可以求出 $F_{R_t^j}(\mathrm{CoVaR}_{\beta,t}^{j|i})$，再通过反函数 $\mathrm{CoVaR}_{\beta,t}^{j|i} = F_{R_t^j}^{-1}(u)$ 可求出动态 CoVaR 值。为了更好地量化金融机构或市场之间的风险溢出效应，进一步通过计算 ΔCoVaR 来体现出风险溢出大小，计算无量纲的 %CoVaR 来衡量风险溢出程度，两个指标的计算指标如下：

$$\Delta\mathrm{CoVaR}_{\beta,t}^{j|i} = \mathrm{CoVaR}_{\beta,t}^{j|i} - \mathrm{VaR}_{\beta,t}^j$$

$$\%\mathrm{CoVaR}_{\beta,t}^{j|i} = \frac{\Delta\mathrm{CoVaR}_{\beta,t}^{j|i}}{\mathrm{VaR}_{\beta,t}^j} \times 100\% \qquad (4.10)$$

（二）空间计量模型介绍

传统的计量经济学通常假设不同区域的数据之间是互相独立的，但随着信息技术的发展，区域之间各种经济活动变得愈加紧密，许多经济数据之间存在着空间相关性，空间计量模型也逐渐被用于探究区域各种变量之间的关系。通常在使用空间计量模型之前，需要对变量进行空间自相关检验，通过检验后才能确定可以使用空间计量模型。一般使用全局 Moran's I 指数来计算空间自相关，计算公式为：

$$\mathrm{Moran'I} = \frac{\sum_{i=1}^{n}\sum_{j=1}^{n} w_{ij}(Y_i - \bar{Y})(Y_j - \bar{Y})}{S^2 \sum_{i=1}^{n}\sum_{j=1}^{n} w_{ij}} \qquad (4.11)$$

其中，$S^2 = \frac{1}{n}\sum_{i=1}^{n}(Y_i - \bar{Y}^2)$，$\bar{Y} = \frac{1}{n}\sum_{i=1}^{n}Y_i$，$Y_i$ 为第 i 个地区值，n 为区域个数，w_{ij} 为空间权重矩阵元素，通常包括地理邻接空间权重矩阵、地理距离空间权重矩阵、经济距离空间权重矩阵等类型，本书使用的是地理邻接权重矩阵，其可以表示为：

$$w_{ij} = \begin{cases} 1 & \text{区域 } i \text{ 与区域 } j \text{ 相邻接} \\ 0 & \text{区域 } i \text{ 与区域 } j \text{ 不邻接} \end{cases} \quad (4.12)$$

通过空间自相关性检验后，便可以建立空间计量模型，一般通过 LM 检验、LR 检验以及 Wald 检验来选择具体的模型。常用的空间计量模型主要有 3 种，分别为空间自回归模型（SAR）、空间误差模型（SEM）以及空间杜宾模型（SDM），3 种模型的一般形式如下：

$$\begin{aligned} &\text{SAR}: Y = \rho WY + X\beta + \varepsilon, \varepsilon \sim N(0, \sigma^2 I) \\ &\text{SEM}: Y = X\beta + u, u = \lambda W u + \varepsilon, \varepsilon \sim N(0, \sigma^2 I) \\ &\text{SDM}: Y = \rho WY + \gamma WX + X\beta + \varepsilon, \varepsilon \sim N(0, \sigma^2 I) \end{aligned} \quad (4.13)$$

其中，ρ 为空间自回归系数，W 为空间权重矩阵，β 为回归系数，λ 为空间误差系数，γ 用于衡量解释变量的空间滞后项对被解释变量的影响，ε 为随机误差项。

4.4.2 互联网金融平台对商业银行风险溢出效应的实证分析

（一）数据来源与描述性统计

本书用中证互联网金融指数（399805）和中证银行指数（399986）分别代表互联网金融行业与银行行业的整体状况进行风险溢出研究。由于互联网金融行业的存在形式以及业务开展几乎是依托互联网金融平台，并且单独的互联网金融平台的数据不可获取，因此以互联网金融行业来代表互联网金融平台进行研究。选取上述指数 2013 年 1 月 4 日至 2022 年 6 月 30 日的日收盘价数据进行研究，单个指数样本数量为 2 305 个，样本总量为 4 610 个，数据来源于同花顺。选用此时间段一方面是因为我国互联网金融从 2013 年开始得到了快速的发展，从此年开始研究更有意义；另一方面是因为从 2013 年到 2022 年，互联网金融指数和银行指数具有多次快速上涨和下跌的趋势，具有一定的波动性，有利于研究市场间的风险溢出效应。

指数序列一般不为平稳序列,因此大部分学者选择对其对数收益率进行研究,对数收益率的计算公式如下:

$$R_t = (\ln p_t - \ln p_{t-1}) \times 100 \tag{4.14}$$

中证互联网金融指数和中证银行指数对数收益率的时间序列见图4.3,其描述性统计分析见表4.1。从表4.1中可以看出,互联网金融指数的对数收益率平均值和标准差都大于银行指数的对数收益率,说明其平均收益更高且波动性更大,而两种指数的偏度都不为0,呈现出偏态分布,其峰度都大于3,存在尖峰厚尾的特征。表4.1中Jarque-Bera(简称JB)统计量下方括号中的数值为对应的p值,从p值也可看出,中证互联网金融指数和中证银行指数对数收益率序列显著不服从正态分布。

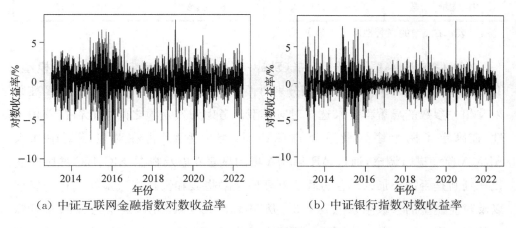

(a) 中证互联网金融指数对数收益率　　(b) 中证银行指数对数收益率

图4.3　对数收益率时间序列图

表4.1　变量描述性统计

	均值	标准差	最大值	最小值	偏度	峰度	JB统计量
中证互联网金融指数	0.043 2	1.922 0	7.976 3	−10.168 2	−0.581 7	5.862 3	916.407 6 (0.00)
中证银行指数	0.018 0	1.510 9	8.648 5	−10.501 9	0.032 6	9.671 8	4 273.679 0 (0.00)

(二) 基本检验与ARMA-GARCH-Copula模型拟合结果

在建立ARMA-GARCH模型之前,要对序列进行单位根检验来判断序列的平稳性,然后对序列进行 ARCH-LM 检验,以此判断残差序列是否存在 ARCH 效应,若不存在 ARCH 效应,则不能使用 GARCH 模型对残差项进行建模。检验结果见表 4.2,从表 4.2 中可以看出,两个序列 ADF 值以及 ARCH-LM 检验的两个统计量皆在 5% 的显著性水平下显著,说明两个序列皆为平稳序列,且都存在 ARCH 效应,可以使用 GARCH 模型。

表 4.2 ADF 与 ARCH-LM 检验结果

变量	ADF 值	ARCH-LM 检验	
		F-statistic	Obs·R-squared
中证互联网金融指数	−44.808 3**	137.075 5**	129.481 2**
中证银行指数	−48.323 1**	58.464 0**	57.064 9**

注:** 表示在 5% 的显著性水平下显著。

本书假设残差服从偏 t 分布(Skew-t 分布),使用标准的 GARCH 模型、TGARCH 模型和 EGARCH 模型分别对两个序列进行拟合,根据 AIC、BIC 准则以及相关参数的显著程度来选择对应模型。考虑到残差项之间可能存在着相关性,在确定了两个序列最适合的 GARCH 类模型后,再在对应模型中加入 ARMA 模型进行调整,通过 AR 与 MA 项的显著性以及根据 AIC、BIC 准则的变化来判断是否需要加入均值方程。互联网金融指数和银行指数最终选择的模型以及对应模型的参数结果见表 4.3。从表 4.3 中可以看出,两个指数的非对称参数 Skew 与自由度参数 Shape 都较为显著,说明 Skew-t 分布能较好地描述序列"尖峰厚尾"的特征。互联网金融指数序列的 γ 系数也通过了显著性检验,说明其适合 EGARCH 模型,具有对利好利空消息反应不对称的特点。对各序列的边缘分布进行拟合后,需要提取两个序列标准化后的残差,将其进行概率积分变换(PIT)并做 K-S 检验。从表 4.3 的结果可以看出,转化后的序列皆不能拒绝原假设,即其服从 (0,1) 均匀分布,因此采用 EGARCH(1,1)-Skew-t 与 ARMA(1,1)-GARCH(1,1)-Skew-t 模型来分别拟合互联网金融指数和银行指数的边缘分布是较为合理的。

表 4.3　各收益率序列边缘分布模型选择与参数估计结果

名称	参数	系数值	标准差	t统计量	p值	选用模型	K-S统计量
互联网金融指数	μ	0.024 3	0.020 4	1.190 4	0.233 9	EGARCH(1,1)	0.014 8 (0.695 3)
	ω	0.007 4	0.001 8	4.035 6	0.000 1		
	α_1	0.002 0	0.009 3	0.210 7	0.833 1		
	β_1	0.993 6	0.000 0	24 384	0.000 0		
	γ	0.116 2	0.005 3	21.823 0	0.000 0		
	Skew	0.911 7	0.025 9	35.253 0	0.000 0		
	Shape	6.304 8	0.803 3	7.848 7	0.000 0		
银行指数	μ	0.026 5	0.016 7	1.591 2	0.111 6	ARMA(1,1)-GARCH(1,1)	0.018 3 (0.424 7)
	ω	0.042 3	0.013 7	3.079 2	0.002 1		
	α_1	0.095 3	0.018 7	5.089 2	0.000 0		
	β_1	0.898 8	0.017 3	51.871 1	0.000 0		
	Skew	1.122 8	0.029 4	38.245 9	0.000 0		
	Shape	3.571 8	0.304 1	11.744 6	0.000 0		
	AR(1)	0.908 4	0.018 4	49.326 4	0.000 0		
	MA(1)	−0.936 6	0.017 1	−54.705 6	0.000 0		

注：K-S统计量下方括号中的数值为其对应的 p 值。

对单个指数序列进行了边缘分布拟合后，本书采用 5 种不同的 Copula 模型对这两种指数边缘分布的联合分布进行拟合，拟合结果见表 4.4，根据最大似然值以及 AIC、BIC 准则选出 t-Copula 模型对两个序列进行建模。两种指数的 t-Copula 分布函数与密度函数图见图 4.4。

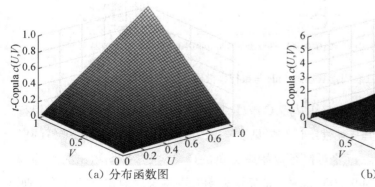
(a) 分布函数图

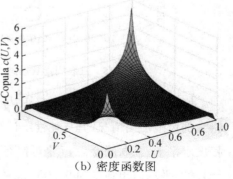
(b) 密度函数图

图 4.4　t-Copula 分布函数及密度函数图

表 4.4　Copula 参数估计结果

模型	参数	估计值	LL	AIC	BIC
Gaussian Copula	ρ	0.422 5	226.587 5	−451.175 1	−445.432 7
t-Copula	ρ	0.416 5	259.497 2	−514.994 3	−503.509 5
	ν	5.522 6			
Clayton Copula	θ	0.592 2	205.905 4	−409.810 8	−404.068 4
Gumbel Copula	α	1.349 3	215.934 0	−429.867 9	−424.125 5
Frank Copula	λ	2.677 9	199.003 1	−396.006 2	−390.263 8

(三) 序列 VaR 与 CoVaR 估计

基于前文得到的边缘分布模型以及 Copula 估计结果，可以计算出两个序列对应的动态 VaR 值以及互联网金融行业处于风险下银行指数的 CoVaR 值，VaR 与 CoVaR 都选取置信水平为 0.95，最终得到的结果见图 4.5。从图 4.5 中可以看出，互联网金融指数 VaR 大部分时间都小于银行指数 VaR，说明在同一置信水平下，互联网金融行业的损失上限更高，面临的风险相对更大。而银行指数的 CoVaR 值也基本都小于银行指数的 VaR 值，说明互联网金融行业对银行业有负向的风险溢出效应，而在 2015 年股灾发生后不久（图中画圈位置），互联网金融行业对银行业的风险冲击最为剧烈。

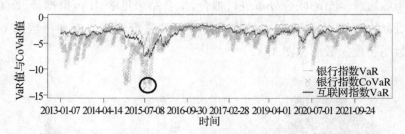

图 4.5　互联网指数动态 VaR 与银行指数动态 VaR 和 CoVaR

因此，再进一步计算 ΔCoVaR 与 %CoVaR 来量化分析互联网金融指数对银行指数的风险溢出情况，其描述性统计结果见表 4.5。从表 4.5 中可知，在 95% 的置信度水平下，互联网金融行业对银行业始终为负的风险溢出，平均溢出大小约为 −1.93，平均溢出强度为 91.05%，两个指标均说明互联网金融对银行业存在着明显的风险溢出效应。

表 4.5　动态 ΔCoVaR 与 %CoVaR 描述性统计表

	均值	中位数	最大值	最小值
ΔCoVaR	−1.925 5	−1.589 7	−0.548 8	−7.768 9
%CoVaR	0.910 5	0.899 3	1.542 5	0.536 1

4.4.3　互联网金融平台对区域金融的风险溢出效应的实证分析

（一）数据来源、变量说明与描述性统计

本书探究互联网金融平台对区域金融的风险溢出效应，主要通过建立空间杜宾模型来探究互联网金融与我国 31 个省市区域金融风险的关系。本书选取我国 31 个省市 2011—2019 年的数据进行研究，所用到的数据来源于 Wind 数据库、国家统计局、EPS 数据库以及各省市统计年鉴。

选取区域金融风险指数作为本书的被解释变量，参照沈丽等（2019）所选取的指标，根据数据的可得性对指标进行适当增添、删减与修改，最终选择 12 个指标来进行区域金融风险指数的构建，具体指标见表 4.6。采用较为客观的熵权法来进行区域金融风险指数的计算，由于各个指标量纲不同，可以先对指标进行标准化后，再求出各指标的信息熵，得到每个指标的权重，最终得到我国 31 个省市的区域金融风险指数。

表 4.6　区域金融风险指数指标体系

指标	计算方法	指标性质
不良贷款率	不良贷款/全部贷款	正向
信贷膨胀率	贷款增速/GDP	适度
存贷比	银行贷款总额/存款总额	正向
保险深度	保费收入/GDP	反向
股票市值	股票总市值/GDP	正向
资产负债率	负债总额/资产总额	适度
企业亏损额	亏损企业亏损额/GDP	正向
财政缺口	（财政支出−财政收入）/GDP	正向
投资	固定资产投资增长率	反向

续表

指标	计算方法	指标性质
对外贸易	出口额/GDP	反向
失业率对数	ln(失业率)	正向
CPI	—	适度

注:GDP 代表国内生产总值,CPI 代表消费者物价指数。

参照谭中明等(2020)的做法,本书选取北京大学数字普惠金融指数作为解释变量,使用省级层面的数据代表我国 31 个省市互联网金融发展水平。该指数是由北京大学与蚂蚁科技集团合作编制而成的,蚂蚁科技集团作为我国最大的互联网金融公司之一,其开展了支付、理财、保险等多种互联网金融业务,拥有海量的数据,因此,使用此指数衡量各个区域互联网金融的发展水平较为合理。除了选取解释变量外,本书还参考马若微等(2022)的做法,选取了区域经济发展情况、区域保险业运行状况、区域城镇化情况以及区域产业结构 4 个层面的指标作为控制变量。具体为采用 GDP 增速来衡量区域经济发展情况,用各省市原保险赔付支出来衡量当地保险业运行状况,用城镇化率来衡量各省市的城镇化情况,用第三产业占 GDP 的比重来衡量当地产业结构。变量说明与描述性统计分析表见表 4.7。

表 4.7 变量说明与描述性统计分析表

变量类别	变量名称	符号	均值	标准差	最小值	最大值	样本量
被解释变量	区域金融风险指数	Risk	0.134 8	0.053 7	0.048 4	0.369 8	279
解释变量	普惠金融指数	Fin	202.348 1	91.647 3	16.220 0	410.280 0	279
控制变量	GDP 增速	GDPzs	8.669 4	2.565 3	−2.500 0	16.400 0	279
	原保险赔付支出	insurance	260.798 0	219.915 8	3.340 0	1061.390 0	279
	城镇化率	urban	57.418 4	13.221 1	22.810 0	89.600 0	279
	第三产业占 GDP 的比重	structure	46.850 5	9.572 1	29.700 0	83.500 0	279

(二)空间自相关检验与模型选择

在使用空间计量模型之前,应该对核心变量进行空间自相关性检验。本书通过计算 Moran's I 指数来检验被解释变量区域金融风险指数以及解释变量普惠金融指数全局自相关性,使用的权重矩阵为地理邻接权重矩阵。通过表 4.8 可以看出,在 10% 的显著性水平下,两个变量在所有年份中均通过了显著性检验,其中,普惠金融指数所有年份都在 1% 水平下显著,说明两个变量具有较为明显的空间溢出效应,可以建立空间计量模型对其进行实证研究。

表 4.8　全局 Moran's I 指数值

年份	区域金融风险指数			普惠金融指数		
	Moran'I	z 值	p 值	Moran'I	z 值	p 值
2011	0.153	2.024	0.021	0.350	3.549	0.000
2012	0.154	2.098	0.018	0.357	3.645	0.000
2013	0.191	2.634	0.004	0.340	3.501	0.000
2014	0.087	1.314	0.094	0.346	3.559	0.000
2015	0.113	1.489	0.068	0.305	3.181	0.001
2016	0.185	2.265	0.012	0.327	3.398	0.000
2017	0.184	2.205	0.014	0.385	3.945	0.000
2018	0.286	3.145	0.001	0.425	4.298	0.000
2019	0.254	2.989	0.001	0.423	4.273	0.000

空间自回归模型(SAR)、空间误差模型(SEM)以及空间杜宾模型(SDM),需要进行 LM 检验、LR 检验以及 Wald 检验来选择,此外,还应进行 Hausman 检验来判断应该使用固定效应模型还是随机效应模型。4 种检验的结果见表 4.9,从表 4.9 中可以看出 LM error test、Robust LM error test、LM lag test、Robust lag error test 都在 5% 水平上显著,因此 SAR 与 SEM 模型都可以作为本书使用的模型;而 SDM 既包含了空间自回归项,又包含了空间滞后项,同样较适合样本数据,需要判断 SDM 模型是否可以退化为 SAR 模型或者 SEM 模型,即进行 LR 检验以及 Wald 检验。从表 4.9 检验结果可以看出,两种检验下的 P 值均小于 0.1,均通过了 10% 的显著性检验,拒绝了原假设,即 SDM 不能退化成 SAR 和 SEM 模型。因此,综合上述 3 种检验,应该选择 SDM 模型来进行拟合。选择了 SDM 模型后,

进一步进行 Hausman 检验,从表 4.9 的结果可以看出 Hausman 检验结果通过了 1‰显著性检验,拒绝原假设,表明模型应该使用固定效应模型。

表 4.9 各类检验的统计量及 P 值

检验类型		统计量	P 值
LM 检验	LM error test	66.888	0.000
	Robust LM error test	7.761	0.005
	LM lag test	64.784	0.000
	Robust lag error test	5.657	0.017
LR 检验	SAR 模型	21.360	0.001
	SEM 模型	21.470	0.001
Wald 检验	SAR 模型	22.220	0.001
	SEM 模型	10.550	0.061
Hausman 检验		25.410	0.008

(三)模型回归结果及分析

根据上述模型的选择结果,构建互联网金融对区域金融风险影响的空间杜宾模型(SDM),其表达式如下:

$$\text{Risk}_{it} = \beta_0 + \beta_1 \ln \text{Fin}_{it} + \beta_2 \text{GDPzs}_{it} + \beta_c \ln X_{it} + \rho W \text{Risk}_{it} + \gamma_1 W \ln \text{Fin}_{it} \\ + \gamma_2 W \text{GDPzs}_{it} + \gamma_c W \ln X_{it} + e_{it} \quad (4.15)$$

其中,i 代表地区,t 代表年份,X_{it} 为除了 GDP 增速以外的控制变量,ρ 为空间自回归系数,W 为空间权重矩阵,e_{it} 为扰动项。为了减小数据的波动性,本书对解释变量进行了对数化处理,其中 GDP 增速含有小于 0 的数据,不能对其取对数,因此此变量使用原数据进行回归。分别对变量进行时间固定效应模型、个体固定效应模型以及双向固定效应模型回归,通过比较其拟合优度大小以及变量显著性情况进行模型选择。使用空间杜宾模型基于地理邻接权重矩阵的估计结果见表 4.10,从表 4.10 中可以看出,时间固定效应模型回归的拟合系数最高,且各变量也相对更显著,应选择时间固定效应模型进行实证结果分析。

表 4.10 空间杜宾模型回归结果表

变量	时间固定效应	个体固定效应	双向固定效应
lnFin	0.045** (0.010)	0.016 (0.239)	0.013 (0.315)
GDPzs	−0.002 (0.171)	−0.005*** (0.000)	−0.004*** (0.000)
lninsurance	−0.027*** (0.000)	−0.019 (0.120)	−0.023* (0.055)
lnurban	−0.071*** (0.000)	−0.031 (0.476)	−0.015 (0.722)
lnstructure	0.186*** (0.000)	0.080*** (0.000)	0.078*** (0.000)
$W*$lnFin	−0.060** (0.021)	−0.049*** (0.001)	−0.026 (0.206)
$W*$GDPzs	−0.001 (0.712)	0.000 (0.784)	0.001 (0.453)
$W*$lninsurance	−0.002 (0.673)	0.048*** (0.004)	0.029 (0.256)
$W*$lnurban	0.046* (0.090)	0.014 (0.826)	−0.012 (0.876)
$W*$lnstructure	−0.086*** (0.005)	−0.069** (0.021)	−0.037 (0.370)
rho	0.238*** (0.004)	0.502*** (0.000)	0.092 (0.315)
sigma2_e	0.001*** (0.000)	0.000*** (0.000)	0.000*** (0.000)
R^2	0.603	0.058	0.332

注：数值下方括号内为对应的 p 值。* 表示在 10% 的显著性水平下显著，** 表示在 5% 的显著性水平下显著，*** 表示在 1% 的显著性水平下显著。

从回归结果可以看出,空间滞后系数 rho 通过了 1% 的显著性检验,且其符号为正,说明我国区域金融风险具有较强的正空间相关性,即当一个省市的区域金融风险增加时会对周围省市的金融风险产生正向溢出效应。互联网金融变量(lnFin)的系数为正,且在 5% 的显著性水平下显著,说明互联网金融的发展会增加区域金融风险,可能是因为互联网金融现在作为一种新兴模式还具有较大的不稳定性,前几年各类网贷平台爆雷、停业等风险事件都会给当地金融带来一定压力,造成金融风险。但从 $W^* \text{lnFin}$ 这一项来看,互联网金融的发展存在着负向溢出效应,即一个地方的互联网金融发展会抑制另一个地方的金融风险。一方面,可能是因为随着互联网金融的发展,各地资金更容易流通,由于虹吸作用,互联网金融发展水平低的地区的资金可能会流入互联网金融发展水平较高的地区,从而降低了邻近地区的金融风险,增加了本地的金融风险;另一方面,可能是由于一个地方的互联网金融会经历发展、规范化建设等过程,这些过程与经验都可能会给邻近地区带来示范作用,从而对周边地区的风险带来抑制作用。此外,控制变量中,原保险赔付支出(lninsurance)、城镇化率(lnurban)、第三产业占 GDP 的比重(lnstructure)以及 W^* lnstructure 4 个变量都通过了 1% 的显著性检验,表明当地保险业的发展以及城镇化的推进有利于降低当地金融风险,而产业结构升级的过程中可能会给当地带来一定的额外成本,这个过程中会增加当地的金融风险,但会降低邻近地区的风险。

4.5 结论

本书从理论分析以及实证检验两个角度来探究互联网金融平台对传统金融行业以及区域金融风险的影响。对传统金融行业风险溢出方面,本书从理论层面上主要通过互联网金融平台在业务渠道、技术渠道、信息渠道以及系统性风险渠道来分析传统金融行业的风险溢出效应。实证层面上,本书用中证互联网金融指数(399805)和中证银行指数(399986)分别代表互联网金融行业与银行行业的整体状况,选取 2013 年 1 月 4 日至 2022 年 6 月 30 日的日收盘价数据进行研究,通过建立 GARCH-Copula-CoVaR 模型来研究互联网金融平台对传统金融行业的风险溢出效应,最终 ΔCoVaR 与 $\%\text{CoVaR}$ 两个指标的计算结果均说明互联网金融对银行业存在着明显的风险溢出效应。对区域金融风险溢出方面,本书从业务竞争与业务关联渠道、利率渠道以及信贷渠道角度理论分析了互联网金融平台对区域金融的风险溢出。实证层面上,本书利用熵权法构造了区域金融风险指数,参照其他学者的做法,选取北京大学数字普惠金融指数代表各省市互联网金融发展水平,通过建立空间杜宾模型来探究互联网金融平台对区域金融风险的影响。实证结果表明,互联网金融的发展会增加当地区域金融风险,但会在一定程度上减少其他区域金融风险。两个实证结果表明互联网金融平台的发展的确会增加传统金融行业以及区域金融的风险,因此,政府监管部门除了要关注互联网金融平台本身的风险外,还应该关注其风险溢出的渠道,减少互联网金融平台对整个金融体系风险的影响,防止系统性金融风险的发生。

参考文献

陈耀辉,马凌云,2021. 基于 Copula - GARCH 模型的互联网金融市场风险测度[J]. 南京财经大学学报(1):22-33.

代婉瑞,姚俭,2020. 互联网金融与中国商业银行之间的风险溢出效应研究[J]. 上海理工大学学报,42(4):375-383.

戴国强,方鹏飞,2014. 利率市场化与银行风险:基于影子银行与互联网金融视角的研究[J]. 金融论坛,19(8):13-19.

高惺惟,2022. 传统金融风险与互联网金融风险的共振机理及应对[J]. 现代经济探讨(4):61-69.

郭品,沈悦,2015. 互联网金融对商业银行风险承担的影响:理论解读与实证检验[J]. 财贸经济(10):102-116.

何运信,洪佳欢,王聪聪,等,2021. 互联网金融如何影响银行流动性创造:银行风险承担中介效应的实证检验[J]. 国际金融研究(12):64-73.

李淑萍,徐英杰,2020. 互联网金融、系统重要性与商业银行风险承担[J]. 宏观经济研究(12):38-46.

李竹薇,刘森楠,李小凤,等,2021. 互联网金融与传统金融之间的广义动态风险溢出:基于 Copula - ARMA - GARCH - CoVaR 的实证研究[J]. 系统工程,39

(4):126-138.

刘镜秀,门明,2016. P2P 网络借贷市场对资本市场的风险溢出效应[J]. 技术经济,35(11):97-104.

刘乃梁,吕豪杰,2022. 金融科技数据垄断:源流、风险与治理[J]. 财经科学(3):44-57.

刘晔,杨培祥,谢富生,2018. 我国互联网金融与银行之间的风险溢出研究[J]. 华东经济管理,32(8):88-93.

刘忠璐,2016. 互联网金融对商业银行风险承担的影响研究[J]. 财贸经济(4):71-85.

马理,彭承亮,何启志,等,2019. 互联网金融业对传统金融业风险溢出效应研究[J]. 证券市场导报(5):14-22.

马若微,丁鑫,2022. 互联网金融对区域金融风险的影响研究:基于产业结构的调节效应[J]. 农村金融研究(3):39-52.

沈丽,张影,李文君,2019. 我国区域金融风险的空间传染路径研究[J]. 当代经济科学,41(5):62-73.

宋光辉,吴超,吴栩,2014. 互联网金融风险度量模型选择研究[J]. 金融理论与实践(12):16-19.

谭中明,刘倩,李洁,2020. 互联网金融会加速区域金融风险的累积吗?:基于空间溢出效应研究[J]. 金融与经济(4):51-59.

田雅群,何广文,2022. 互联网金融、市场竞争对农村商业银行风险的影响研究[J]. 农业技术经济(3):73-83.

汪明峰,赵玉萍,2021. 中国互联网金融企业生存的时空差异和影响因素:以 P2P 网贷行业为例[J]. 地理科学,41(5):747-758.

王升,李亚,郜如明,2021. 互联网金融对商业银行风险承担的影响研究:基于中国 30 家商业银行的实证分析[J]. 金融发展研究(1):56-62.

王昱,盛旸,薛星群,2022. 区块链技术与互联网金融风险防控路径研究[J]. 科学学研究,40(2):257-268.

王志宏,孙鹏,2021. 金融科技对商业银行系统性风险溢出效应研究[J]. 广西社会科学(11):126-133.

韦起,张强,2015. 我国网贷平台对商业银行风险溢出效应的实证研究[J]. 金融评论,7(3):93-104.

魏源,2018. 基于蒙特卡洛方法的互联网金融风险测度研究[J]. 技术经济与管理研究(9):79-83.

温春然,沈传河,2019. 网络借贷平台的区域金融风险溢出效应影响[J]. 统计与决策,35(12):157-159.

翁志超,颜美玲,2019. 互联网金融对商业银行的系统性风险溢出效应测度[J]. 统计与决策,35(22):159-163.

吴诗伟,朱业,2015. 互联网金融创新与区域金融风险的实证研究[J]. 金融与经济(10):53-58.

夏雨,郭凤君,魏明侠,等,2022. 基于"蚂蚁金服"事件网评文本的互联网金融监管蕴意挖掘[J]. 管理学报,19(1):119-128.

闫真宇,2013. 关于当前互联网金融风险的若干思考[J]. 浙江金融(12):40-42.

喻微锋,郑建峡,2021. 互联网金融、存款竞争与银行流动性创造[J]. 西部论坛,31(2):106-124.

喻微锋,郑建峡,2022. 互联网金融、货币政策与银行风险承担[J]. 统计研究,39(6):68-85.

战明华,张成瑞,沈娟,2018. 互联网金融发展与货币政策的银行信贷渠道传导[J]. 经济研究,53(4):63-76.

张晓朴,2014. 互联网金融监管的原则:探索新金融监管范式[J]. 金融监管研究(2):6-17.

郑联盛,2014. 中国互联网金融:模式、影响、本质与风险[J]. 国际经济评论(5):103-118.

郑志来,2015. 互联网金融对我国商业银行的影响路径:基于"互联网+"对零售业的影响视角[J]. 财经科学(5):34-43.

Acharya R N,Kagan A,2004. Community banks and Internet commerce[J]. Journal of Internet Commerce,3(1):23-30.

Kumar S,2007. Bank of one:Empirical analysis of peer-to-peer financial marketplaces[J]. American Conference on Information Systems,13:305.

Lapavitsas C,Dos Santos P L,2008. Globalization and contemporary banking:On the impact of new technology[J]. Contributions to Political Economy,27

(1): 31-56.

Raza S A, Hanif N, 2013. Factors affecting Internet banking adoption among internal and external customers: A case of Pakistan[J]. International Journal of Electronic Finance, 7(1): 82.

Xu R J, Mi C M, Mierzwiak R, et al., 2020. Complex network construction of Internet finance risk [J]. Physica A: Statistical Mechanics and Its Applications, 540: 122930.

第五章 互联网金融平台的风险评估

互联网金融借贷平台是互联网金融平台的一个大类,也曾是学术和实务的关注要点。虽然随着在线借贷平台的关停,互联网金融借贷平台的业务生态已发生较大的改变,但当年互联网金融平台借贷业务所带来的风险效应仍然值得深入分析和探讨,从而为未来相关领域的规范发展提供借鉴。基于此,本章以互联网借贷业务为主剖析互联网金融平台的风险类别,并借助数据样本研究风险评估的方法和效果。

5.1 互联网金融平台的主要风险类别

5.1.1 信用风险

信用风险也称违约风险,一般指交易过程中因交易当事人不愿意或没有能力履行合同而导致违约并使合同参与方遭受损失的概率。信用风险是当前我国互联网金融平台面临的主要风险(冯博 等,2017),本部分将从互联网金融平台角度、投资者角度、借款者角度来探索如何进行风险识别。

(一)从互联网金融平台角度

互联网金融平台存在合规风险。由于互联网金融行业准入门槛较低,平台有可能只是一个皮包公司,通过捏造注册资本等指标,大量不具备运营资格或能力的平台成立,通过高收益引诱投资者,在资金上以新还旧。同时,平台可能利用不正当手段人为降低坏账率指标,进一步引诱资金的投入,平台实际风险与其宣传的风险之间往往存在较大差距,当其拥有足够资金时便卷款跑路。此外,平台信息披露不够充分,由于信息极度不对称,用户无从了解平台资金的安全情况、使用情况以及盈利情况,甚至有些平台私下用投资者的钱来投资高风险项目,若投资失败,就会造成平台跑路或破产,投资者损失将无从追回(范超 等,2017;何光辉 等,2017)。再者,很多互联网金融平台相关合同不规范,条款模糊,侵害投资者正当利益。在网络技术快速发展的背景下,互联网金融平台还面临网络技术安全相关问题,互联网金融平台往往不能充分利用大数据技术进行信用风险管理相关工作,例如信用评级,很多平台仍然采用传统评级方式对用户进行评估,平台将无法精准识别借款者风险,有可能高估借款者还款能力,带来违约风险。另外,互联网金融平台的信息泄露问题也较突出,互联网金融平台通过注册能够掌握用户的基本信息,包括某些用户的财务信息,而信息在大数据时代占据着非常重要的地位,互联网金融平台有可能会泄露用户信息给一些不法分子,从而产生信用风险。

(二) 从投资者角度

从学理角度来看,互联网金融平台作为借贷双方的直接联系,其自身并不放贷,同时平台往往将审查重点放在借款方,而对于投资者往往不会进行实际审查,包括对投资者资金来源及出借次数等审查和核实,这就导致平台无法确认投资者资金来源是否合法有效,为犯罪分子从事洗钱及其他违法活动创造了有利条件,既可将黑钱分批次贷出去,又可利用平台充当借款者和投资者的双重特性,实现黑钱合法化。另外,互联网金融平台的准入门槛尚不健全、监管主体不够清晰、信息披露制度不够完善等原因,使得投资者视角下平台的可信任度也是存疑的。不合规的互联网金融平台对投资者的信息保护力度势必薄弱,可能存在极大的信息泄露的风险。

(三) 从借款者角度

大多数情况下,互联网金融平台所需要的资料都是由借款者自己准备,而这些资料的真实性,平台很难考证,很难对个人信用进行有效审核。很多"职业"借款者倾向于伪造或变造自身融资信息,如个人投资者倾向于伪造个人收入情况及投资用途,企业则可能虚报其经营状况、夸大项目收益等,从而导致平台信用风险的上升。这一部分的信用风险可通过"线上线下"相结合的模式以及运用大数据技术来有效降低(谈超 等,2014)。再者,一些小微企业或个人,由于自身资源有限,可抵押物较少或缺乏资历相当的担保机构,如若因经营不善不能按期偿还,很容易导致信用违约(张国文,2014)。另外,大多数投资者都是厌恶风险的,一旦出借资金逾期或无法收回,投资者将集中转向其他投资方式,这可能导致互联网金融平台资金链断裂(范超 等,2014),在这种情况下,平台也无法收回借款者需付的手续费及利差盈利等,从而进一步加剧了平台倒闭的可能性。

总的来说,信用风险发生的内在动机在于平台、借款者与投资者委托代理关系之间的冲突。构成三方主体利益冲突的直接原因在于信息不对称现象严重。无论是平台自身资质还是借款者与投资者的融资资质与信用资质,都在信息无法正确传导的情况下推动信用风险演化、逆向选择等问题。因此,降低单一主体违约的危害性至关重要。平台借款分散程度可以在一定程度上衡量平台抵御信用风险的能力。平台借款分散程度包含借款人人均借款额度、出借人人均投资额度,以及前十大借款人的借款额度占待还金额的百分比。当三者数值越小时,代表平台借款分散程度越高,说明该平台以小额借贷为主,有助于抵御大规模违约而产生的信用风险。

5.1.2 道德风险

借款者与互联网金融平台间易形成道德风险问题。由于信用等级高的优质借款者可以获得更优惠的借款利率,因此劣质借款者有对平台隐瞒真实还款能力、伪装成优质借款者的动机。由于网络平台具有虚拟性和跨空间性,互联网金融平台与投资人难以有效监督借款者。借款者在获得款项后,为了实现自身利益最大化,可能违反贷款协议,将筹得的资金进行风险较高的投机行为,如参与衍生品市场交易、二次放贷、高杠杆买房等,若投资失利,必然会导致违约风险。互联网金融平台与投资者之间也存在道德风险的问题。由于各类平台之间竞争逐渐加剧,部分互联网金融平台的信息中介职能异化,逐步演变成信用中介,直接参与借贷业务(于博,2017)。投资者的资金存放在互联网金融平台上,形成资金池,若缺乏有效监管,平台可能会挪用甚至滥用这些资金。一些互联网金融平台甚至编造虚假投资标的,利用投资者难以了解底层资产信息的不对称性,吸纳资金,卷款跑路,给投资者的利益带来极大的损失。

5.1.3 监管风险

在互联网金融市场,目前互联网金融平台间的数据并未实现共享,借款者在某一平台的违约行为并不为其他互联网金融平台所知,也不会上传至央行的征信系统,从而该借款者仅受到其所在平台有限的信用制约,违约成本相对较低。由于平台之间监管的漏洞,该借款者极有可能在其他平台进行相似的操作,也有可能导致其他借款者相继效仿,从而引发更大范围的违约可能。互联网金融平台自身也存在类似情形,若违规跑路平台未得到监管部门的及时有效处理,那么将有更多的滥竽充数者进入互联网金融市场,骗取资金,卷款跑路。

  目前的互联网金融市场仍缺乏完善的行业法规、对市场的有效监管,违约者的违约成本较低,平台仍然面临着道德风险与监管风险。为更好地抵御该风险,也为投资者与借款者更准确识别平台风险,平台自身实力成为主要的判断因素之一。其包含平台的注册资本和平台的成立时间。首先,当注册资金越多时,平台便会有更多的资本支撑,运营得以保障,综合实力越强,因此风险发生时平台的资金弹性也相对较大,可以更好地抵御风险(王立勇 等,2016)。其次,平台的成立时间可以反映平台长期抵御风险的能力,成立时间越长,平台的稳定性与生存能力均相对更强(李先玲,2015;孙宝文 等,2016)。

5.1.4 流动性风险

  流动性风险指的是平台无法获得足够资金,或者无法在合理的代价下及时获得充足的资金来应对资产增长、偿还到期债务或其他支付义务的风险(叶青 等,2016)。造成该风险主要有以下两个因素:一是平台资金具有期限性,资金期限与资金额度发生错配;二是平台的资产与负债规模发生错配(廖理 等,2014;刘绘 等,2015)。发生流动性风险时,平台将无法按照签订合同的约定时间提前支付给投资人承诺的利息或者无法满足投资人对投资额度提前支取。平台向投资人转让债券的期限长短以及平台自身杠杆水平决定了面临的流动性风险水平。当平台借贷期限越长、平台杠杆越高时,面临的流动性风险则越高。此外,若借款者采用实物代替现金的方式进行还款,即使实物与现金表面上等价,也仍然存在流动性风险,而借款者往往将相应的流动性风险转嫁给投资者或平台。借款者的逾期或提前还款,都会造成流动性风险,使得平台及投资者面临着相应的损失,从而影响后续贷款。为降低流动性风险,平台活跃程度与平台自身资金的流动性均起着举足轻重的作用。平台活跃程度包括平台的成交量、借款人数以及投资人数,当其数量越高时,平台交易越活跃,当局部有违约发生时,后备资金也可以快速补充上来,运行越顺畅。平台自身资金的流动性包含平均借款期限和平台杠杆,当期限越低、杠杆越小时,平台面临的资金流动性压力越小,从而降低平台资金流动性压力或因流动性不足而面临倒闭的风险。

5.2 信用评级模型评价标准与数据处理

本章在这里以数据示例的方式来演示互联网金融平台风险评价和分析的步骤与过程。

5.2.1 评价标准

以上列举的互联网金融平台面临的不同风险,最终都会影响平台信用等级和偿债能力,为了对互联网金融平台的风险防控能力做出全面评价,本节将在已有研究的基础上,综合现有评价体系的优点,对影响互联网金融平台风险防控能力的敏感指标分别评价后,按照权重分配形成综合信用评级结果。选取的层次评价指标示意图见图 5.1。

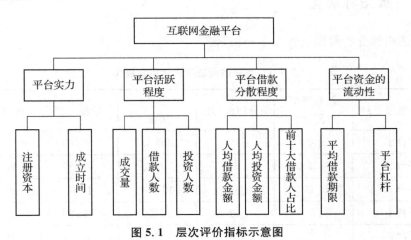

图 5.1 层次评价指标示意图

图 5.1 中各指标含义详述如下。
1. 平台实力
包括平台的注册资本和平台的成立时间 2 个二级指标。平台注册资本越多,成立时间越久,其实力就越强,抵御道德风险和监管风险的能力也越强。

2. 平台活跃程度

包含3个二级指标——平台的成交量、借款人数以及投资人数。平台的交易量越高,借款人数与投资人数越多,其交易越活跃,运行越顺畅,平台倒闭风险则越小。

3. 平台借款分散程度

包含3个二级指标——借款人人均借款金额、出借人人均投资金额、前十大借款人的借款金额占待还余额的百分比。借款人人均借款金额越小,出借人人均投资金额越小,前十大借款人借款金额占待还余额的比重越小,平台借款分散程度越小,越符合相关监管办法中对互联网金融平台业务的规定(以小额借贷为主),单一主体违约造成的损失越小,平台抵御信用风险的能力则越强。

4. 平台资金的流动性

包含平均借款期限和平台杠杆(待偿还余额与平台注册资本的比值)2个二级指标。平台的平均借款期限越短、平台杠杆越小,其面临的资金流动性压力越小,平台抵御流动性风险的能力随之越强。

5.2.2 数据标准化

上述指标分析数据见表5.1和表5.2。

表5.1 互联网金融平台示例数据1

互联网金融平台	注册资本(万元)	运营时间(月)	成交金额(万元)	借款人数	投资人数
平台1	20 000	56	18 004.7	16 504	55 927
平台2	10 000	94	17 570.9	16 427	22 750
平台3	10 293	81	12 796	1 068	59 770
平台4	11 000	52	11 563.8	74 776	1 879
平台5	5 000	74	10 357.4	18 224	31 650
平台6	250 000	53	9 863.73	894	5 707
平台7	634	61	7 278.51	709	2 303
平台8	5 000	51	6 511.59	35 241	2 589

续表

互联网金融平台	注册资本（万元）	运营时间	成交金额（万元）	借款人数	投资人数
平台9	10 000	40	5 847.82	15 842	5 191
平台10	10 000	53	5 172.24	987	379
平台11	6 000	121	4 818.27	664	2 787
平台12	10 000	97	4 744.43	751	5 135
平台13	10 000	87	4 224.8	5 355	1 921
平台14	10 000	68	3 831.62	1 861	5 367
平台15	2 942	44	3 804.3	1 374	3 889
平台16	1 065	52	3 279.77	1 753	8 504
平台17	10 300	70	2 642.92	5 178	4 439
平台18	5 000	55	2 332	28	1 427
平台19	5 000	41	2 220.78	3 732	4 206
平台20	5 000	63	2 122.1	1 187	827
平台21	5 000	44	2 109.11	8 849	1 179
平台22	1 000	45	1 990.28	6 100	225
平台23	10 000	32	1 798.97	4 485	11 724
平台24	1 000	54	1 785.09	5 899	1 120
平台25	5 000	40	1 759.87	13 825	1 549
平台26	5 377	90	1 558.25	420	18 714
平台27	5 000	81	1 500	15	476
平台28	5 556	59	1 480.31	1 203	663
平台29	14 150	55	1 074.98	115	346
平台30	10 000	75	1 036.18	289	12 934
平台31	1 000	56	3 873.3	394	1 255
平台32	6 000	58	16 630	181	3 008

表5.2 互联网金融平台示例数据2

互联网金融平台	人均借款金额（万元）	人均投资金额（万元）	前十大借款人待还金额占比(%)	平均借款期限(月)	待偿还余额（万元）
平台1	1.09	0.32	0.22	10.87	1 509 611
平台2	1.07	0.77	0.01	13.25	1 460 790
平台3	11.98	0.21	0.13	1.83	952 365.9
平台4	0.15	6.15	0.02	17.19	1 489 733
平台5	0.57	0.33	0.07	23.57	1 479 042
平台6	11.03	1.73	0.2	4.31	868 669.6
平台7	10.27	3.16	0.77	2.78	129 903.9
平台8	0.18	2.52	0.11	1.03	98 691.12
平台9	0.37	1.13	0.34	3.14	293 513
平台10	5.24	13.65	0.01	28.16	2 480 309
平台11	7.26	1.73	3.57	3.64	567 075
平台12	6.32	0.92	0.1	8.58	1 377 573
平台13	7.09	2.2	0	22.54	12 416 185
平台14	2.06	0.71	0.29	17.14	341 168
平台15	2.77	0.98	0.06	24.87	359 571
平台16	1.87	0.39	0.02	21	1 051 682
平台17	0.51	0.6	0.68	14.94	473 874
平台18	83.29	1.63	0.32	4.52	3 713 112
平台19	0.6	0.53	0.04	34.56	643 428
平台20	1.79	2.57	0.43	6.77	232 325
平台21	24	1.79	0.11	2.02	138 824
平台22	0.33	8.85	1.09	4.61	91 730
平台23	0.4	0.15	0.03	29.72	835 370
平台24	0.3	1.59	0.05	2.89	78 500
平台25	0.13	1.14	0.13	11.29	124 216
平台26	3.71	0.8	0.18	19.56	286 103
平台27	100	3.15	0.63	8.4	158 274

续表

互联网金融平台	人均借款金额（万元）	人均投资金额（万元）	前十大借款人待还金额占比(%)	平均借款期限(月)	待偿还余额（万元）
平台 28	1.23	2.23	0.8	6.93	125 708
平台 29	9.35	3.11	0.82	6.26	133 647
平台 30	3.59	0.08	0.05	29.83	314 845
平台 31	13.99	1.14	0.52	18.61	50 241.67
平台 32	100	1.33	1.46	3.98	68 479.88

由于上述 10 个指标的样本数据单位不同，数值数量级差异也很大，为避免运算中出现不稳定的问题，我们在这里对数据进行归一化处理。参考已有的研究，本书采用了最大最小值的归一化的处理方法，具体计算公式如下：

$$a_{ij} = \frac{A_{ij} - \min_{1 \leqslant i \leqslant n} A_{ij}}{\max_{1 \leqslant i \leqslant n} A_{ij} - \min_{1 \leqslant i \leqslant n} A_{ij}} \tag{5.1}$$

其中 A_{ij} 表示第 i 个样本第 j 项指标的原始数据，$\min_{1 \leqslant i \leqslant n} A_{ij}$ 表示所有样本中第 j 项指标取值的最小值，$\max_{1 \leqslant i \leqslant n} A_{ij}$ 表示所有样本中第 j 项指标取值的最大值。a_{ij} 为第 i 个样本第 j 项指标经归一化处理后的数值。对与互联网金融的信用评级结果正相关的指标（如平台注册资本、平台、平台经营时间），本章直接将 $\tilde{a}_{ij} = a_{ij}$ 作为该样本在该指标上的最终得分；而与互联网金融的信用评级结果负相关的指标（如平台前十大借款人占比、平均借款期限、平台杠杆），这里计算 $\tilde{a}_{ij} = 1 - a_{ij}$ 作为该样本在该指标上的最终得分。经过归一化处理后的数据见表 5.3 和表 5.4 所示。

表 5.3 互联网金融平台归一化后的数据 1

互联网金融平台	注册资本	运营时间	成交金额	借款人数	投资人数
平台 1	0.077 661	0.269 663	1	0.220 556 172	0.935 460 576
平台 2	0.037 559	0.696 629	0.974 43	0.219 526 224	0.378 285 330
平台 3	0.038 734	0.550 562	0.693 04	0.014 084 884	1
平台 4	0.041 569	0.224 719	0.620 42	1	0.027 777 311
平台 5	0.017 508	0.471 910	0.549 32	0.243 562 820	0.527 752 120
平台 6	1	0.235 955	0.520 23	0.011 757 467	0.092 064 825

续表

互联网金融平台	注册资本	运营时间	成交金额	借款人数	投资人数
平台7	0	0.325 843	0.367 88	0.009 282 915	0.034 897 976
平台8	0.017 508	0.213 483	0.322 68	0.471 181 498	0.039 701 066
平台9	0.037 559	0.089 888	0.283 56	0.211 701 288	0.083 399 110
平台10	0.037 559	0.235 955	0.243 75	0.013 001 431	0.002 586 279
平台11	0.021 519	1	0.222 89	0.008 680 997	0.043 026 283
平台12	0.037 559	0.730 337	0.218 54	0.009 844 705	0.082 458 645
平台13	0.037 559	0.617 978	0.187 91	0.071 427 616	0.028 482 660
平台14	0.037 559	0.404 494	0.164 74	0.024 692 019	0.086 354 858
平台15	0.009 255	0.134 831	0.163 13	0.018 177 927	0.061 533 294
平台16	0.001 728	0.224 719	0.132 22	0.023 247 415	0.139 037 703
平台17	0.038 762	0.426 966	0.094 69	0.069 060 071	0.070 770 006
平台18	0.017 508	0.258 427	0.076 37	0.000 173 887	0.020 186 414
平台19	0.017 508	0.101 124	0.069 81	0.049 718 436	0.066 856 999
平台20	0.017 508	0.348 315	0.064 00	0.015 676 623	0.010 110 001
平台21	0.017 508	0.134 831	0.063 23	0.118 163 213	0.016 021 496
平台22	0.001 468	0.146 067	0.056 23	0.081 392 705	0
平台23	0.037 559	0	0.044 95	0.059 790 532	0.193 114 451
平台24	0.001 468	0.247 191	0.044 14	0.078 704 137	0.015 030 649
平台25	0.017 508	0.089 888	0.042 65	0.184 721 981	0.022 235 284
平台26	0.019 020	0.651 685	0.030 77	0.005 417 263	0.310 504 660
平台27	0.017 508	0.550 562	0.027 33	0	0.004 215 299
平台28	0.019 738	0.303 371	0.026 17	0.015 890 638	0.007 355 781
平台29	0.054 201	0.258 427	0.002 29	0.001 337 596	0.002 032 077
平台30	0.037 559	0.483 146	0	0.003 665 013	0.213 435 217
平台31	0.001 468	0.269 663	0.167 20	0.005 069 488	0.017 297 842
平台32	0.021 519	0.292 135	0.918 98	0.002 220 409	0.046 737 761

表 5.4　互联网金融平台归一化的数据 2

互联网金融平台	人均借款金额	人均投资金额	前十大借款人待还金额占比	平均借款期限	平台杠杆
平台 1	0.990 39	0.982 31	0.938 38	0.706 53	0.941 84
平台 2	0.990 59	0.949 15	0.997 20	0.635 55	0.884 82
平台 3	0.881 35	0.990 42	0.963 59	0.976 14	0.928 08
平台 4	0.999 80	0.552 69	0.994 40	0.518 04	0.893 42
平台 5	0.995 59	0.981 58	0.980 39	0.327 77	0.763 89
平台 6	0.890 86	0.878 41	0.943 98	0.902 18	1.000 00
平台 7	0.898 47	0.773 03	0.784 31	0.947 81	0.837 32
平台 8	0.999 50	0.820 19	0.969 19	1.000 00	0.986 86
平台 9	0.997 60	0.922 62	0.904 76	0.937 07	0.979 10
平台 10	0.948 83	0.000 00	0.997 20	0.190 87	0.802 48
平台 11	0.928 61	0.878 41	0.000 00	0.922 16	0.926 47
平台 12	0.938 02	0.938 10	0.971 99	0.774 83	0.891 55
平台 13	0.930 31	0.843 77	1.000 00	0.358 48	0.000 00
平台 14	0.980 67	0.953 57	0.918 77	0.519 53	0.975 25
平台 15	0.973 57	0.933 68	0.983 19	0.288 99	0.904 09
平台 16	0.982 58	0.977 16	0.994 40	0.404 41	0.205 25
平台 17	0.996 20	0.961 68	0.809 52	0.585 15	0.965 65
平台 18	0.167 32	0.885 78	0.910 36	0.895 91	0.403 02
平台 19	0.995 29	0.966 84	0.988 80	0.100 00	0.898 87
平台 20	0.983 38	0.816 51	0.879 55	0.828 81	0.965 28
平台 21	0.760 99	0.873 99	0.969 19	0.970 47	0.980 38
平台 22	0.998 00	0.353 72	0.694 68	0.893 23	0.928 72
平台 23	0.997 30	0.994 84	0.991 60	0.144 35	0.935 34
平台 24	0.998 30	0.888 73	0.985 99	0.944 53	0.939 41

续表

互联网金融平台	人均借款金额	人均投资金额	前十大借款人待还金额占比	平均借款期限	平台杠杆
平台25	1.000 00	0.921 89	0.963 59	0.694 01	0.982 74
平台26	0.964 15	0.946 94	0.949 58	0.447 36	0.959 83
平台27	0.000 00	0.773 77	0.823 53	0.780 20	0.977 24
平台28	0.988 99	0.841 56	0.775 91	0.824 04	0.984 53
平台29	0.907 68	0.776 71	0.770 31	0.844 02	0.995 18
平台30	0.965 35	1.000 00	0.985 99	0.141 07	0.977 38
平台31	0.861 22	0.921 89	0.854 34	0.475 69	0.962 23
平台32	0.000 00	0.907 89	0.591 04	0.912 02	0.993 59

5.3 评级模型构建

5.3.1 层次分析法的构建

（一）各级指标权重的确立

在计算各级指标权重时，传统的模糊综合评价中的权重一般由专家指定（例如专家打分法）或根据调查的结果做判定。考虑到该种做法效率虽高但通常受主观因素影响大，权重不能精确量化，为避免以上不利因素，本书将使用层次分析法来求得各指标权重大小。

层次分析法（AHP）最早是美国著名运筹学专家托马斯·塞蒂提出来的，该方法以思维、心理等规律为依据，把定性、定量决策进行合理组合，从而实现了决策过程透明化。层次结构采用9标度法，详见表5.5，将指标进行成对比较，建立判断矩阵。构建的矩阵在理论上要有如下一致性，因此建立出的判断矩阵应进行一致性检验。在矩阵 A 为一致性矩阵的情况下，其最大特征值所对应的特征向量归一化处理即为排序权向量。

设所要构建的判断矩阵为 $A=(q_{ij})$，其中元素 q_{ij} 的设定根据表5.5所示的9标度法。

表 5.5 9 标度法

含义	q_i 与 q_j 同样重要	q_i 比 q_j 稍重要	q_i 比 q_j 重要	q_i 比 q_j 十分重要	q_i 比 q_j 极为重要
q_{ij} 取值	1	3	5	7	9
		2	4	6	8

将平台实力、平台活跃程度、平台借款分散程度、平台资金的流动性这 4 个一级指标分别编号为 A、B、C、D；综合已有的文献对各指标的权重评级，及"网贷之家"平台评级的指标权重，给出一级指标的判断矩阵见表 5.6。

表 5.6 一级指标判断矩阵

判断矩阵 1	A	B	C	D
A	1	3	1/3	1/3
B	1/3	1	1/4	1/4
C	3	4	1	1/5
D	3	4	2	1

矩阵 A 的最大特征值为 $W_{\max}$；

其对应的特征向量即为：$Q=(Q_1,Q_2,Q_3,Q_4)^T$；

将 Q 进行归一化，即对 $i=1,2,3,4$，求 $x_i = \dfrac{Q_i}{\sum\limits_{i=1}^{4} Q_i}$。

求解出上述成对矩阵 A 的最大特征值为 $W_{\max}=6.323\ 4$；4 个一级指标对应的权重向量为：$W = \begin{pmatrix} 0.155\ 3 \\ 0.077\ 5 \\ 0.318\ 1 \\ 0.449\ 1 \end{pmatrix}$。

采用层级分析法，需对判断矩阵进行一致性检验。检验指标为 $CI=(W_{\max}-n)/(n-1)$（n 为矩阵的阶数，此处 $n=4$），一致性比率为 $CR=CI/RI$；当 $CR<0.1$ 时，则该矩阵具有一致性。得到的平均随机一致性指标 RI 如表 5.7 所示。

表 5.7　一致性指标 RI 表

矩阵阶数	2	3	4	5	6	7	8	9
RI	Nan	0.58	0.9	1.12	1.24	1.32	1.41	1.45

将 W_{max} 带入检验指标求得 CR＝0.048，该值小于 0.1，所以可以说矩阵 A 具有一致性。

4 个二级指标对应的判断矩阵依次如下：

$$平台实力：A = \begin{pmatrix} 1 & 3 \\ 1/3 & 1 \end{pmatrix}$$

$$平台活跃程度：B = \begin{pmatrix} 1 & 3 & 3 \\ 1/3 & 1 & 1 \\ 1/3 & 1 & 1 \end{pmatrix}$$

$$平台借款分散程度：C = \begin{pmatrix} 1 & 2 & 1/4 \\ 1/2 & 1 & 1/2 \\ 4 & 2 & 1 \end{pmatrix}$$

$$平台资金的流动性：D = \begin{pmatrix} 1 & 1/4 \\ 4 & 1 \end{pmatrix}$$

最大特征值对应的权重向量依次如下：

$$W_1 = \begin{pmatrix} 0.75 \\ 0.25 \end{pmatrix}$$

$$W_2 = \begin{pmatrix} 0.6 \\ 0.2 \\ 0.2 \end{pmatrix}$$

$$W_3 = \begin{pmatrix} 0.2318 \\ 0.1840 \\ 0.5842 \end{pmatrix}$$

$$W_4 = \begin{pmatrix} 0.2 \\ 0.8 \end{pmatrix}$$

这里仅需对平台活跃度与平台借款分散程度作一致性检验，检验结果为它们的 CR＜0.1，即上述成对比较矩阵都具有一致性。

(二) 平台指标得分及评级结果

接着我们通过公式(5.2),得到各样本在一级指标上的得分:

$$X_{i1} = (\check{a}_{i1}, \check{a}_{i2}) \times \boldsymbol{W}_1$$
$$X_{i2} = (\check{a}_{i3}, \check{a}_{i4}, \check{a}_{i5}) \times \boldsymbol{W}_2$$
$$X_{i3} = (\check{a}_{i6}, \check{a}_{i7}, \check{a}_{i8}) \times \boldsymbol{W}_3$$
$$X_{i4} = (\check{a}_{i1}, \check{a}_{i2}) \times \boldsymbol{W}_4 \quad (5.2)$$

最终通过式(5.3),得到各样本的最终得分:

$$X_i = (X_{i1}, X_{i2}, X_{i3}, X_{i4}) \times \boldsymbol{W} \quad (5.3)$$

根据各互联网金融平台的最终得分,并参考以往文献中关于正态分布五等分级法(赵礼强 等,2018),本章将互联网金融平台划分为5个等级,分别是AA级、A级、BB级、B级、C级,见图5.8。这种评级方法得到的评级结果为该平台在所有样本平台中的相对评级。

表5.8 正态分布等级区分表

得分F对应区间	信用等级
$F \geqslant \mu + 1.8\sigma$	AAA
$\mu + 0.7\sigma \leqslant F < \mu + 1.8\sigma$	A
$\mu - 0.4\sigma \leqslant F < \mu + 0.7\sigma$	BBB
$\mu - 1.5\sigma \leqslant F < \mu - 0.4\sigma$	B
$F < \mu - 1.5\sigma$	C

按照等级区分结果,32个互联网金融平台评级结果见表5.9。

表5.9 互联网金融平台各项指标评分及评级结果

互联网金融平台	平台实力得分	平台活跃程度得分	平台借款分散程度得分	平台的资金流动性得分	最终评级得分	评级结果
平台1	0.125 66	0.831 20	0.964 76	0.894 78	0.792 67	A
平台2	0.202 33	0.704 22	0.993 07	0.834 97	0.776 88	A
平台3	0.166 69	0.618 64	0.955 01	0.937 69	0.798 74	A
平台4	0.087 36	0.577 81	0.920 67	0.818 35	0.718 73	BBB
平台5	0.131 11	0.483 86	0.990 41	0.676 67	0.676 80	BBB

续表

互联网金融平台	平台实力得分	平台活跃程度得分	平台借款分散程度得分	平台的资金流动性得分	最终评级得分	评级结果
平台6	0.808 99	0.332 90	0.925 21	0.980 44	0.886 06	AAA
平台7	0.081 46	0.229 56	0.814 36	0.859 42	0.675 45	BBB
平台8	0.066 50	0.295 78	0.955 10	0.989 49	0.781 45	A
平台9	0.050 64	0.229 16	0.935 85	0.970 69	0.759 26	BBB
平台10	0.087 16	0.149 37	0.808 48	0.680 16	0.587 75	B
平台11	0.266 14	0.144 07	0.382 73	0.925 61	0.589 93	B
平台12	0.210 75	0.149 58	0.963 79	0.868 20	0.740 81	BBB
平台13	0.182 66	0.132 73	0.960 96	0.071 70	0.376 54	C
平台14	0.129 29	0.121 05	0.945 70	0.884 11	0.727 34	BBB
平台15	0.040 65	0.113 82	0.977 98	0.781 07	0.677 01	BBB
平台16	0.057 48	0.111 79	0.994 68	0.245 08	0.444 06	C
平台17	0.135 81	0.084 78	0.887 07	0.889 55	0.709 33	BBB
平台18	0.077 74	0.049 89	0.734 66	0.501 60	0.474 90	C
平台19	0.038 41	0.065 20	0.992 53	0.719 10	0.649 69	BBB
平台20	0.100 21	0.043 55	0.898 21	0.937 98	0.725 91	BBB
平台21	0.046 84	0.064 78	0.908 20	0.978 40	0.740 59	BBB
平台22	0.037 62	0.050 02	0.708 54	0.921 62	0.649 00	BBB
平台23	0.028 17	0.077 55	0.999 80	0.777 14	0.677 43	BBB
平台24	0.062 90	0.045 23	0.977 24	0.940 43	0.746 48	BBB
平台25	0.035 60	0.066 98	0.970 65	0.924 99	0.734 90	BBB
平台26	0.177 19	0.081 64	0.958 55	0.857 34	0.723 79	BBB
平台27	0.150 77	0.017 24	0.623 48	0.937 83	0.644 26	B
平台28	0.090 65	0.020 35	0.843 61	0.952 43	0.711 75	BBB
平台29	0.105 26	0.002 05	0.809 05	0.964 95	0.707 22	BBB
平台30	0.148 96	0.043 42	0.989 87	0.810 12	0.705 20	BBB
平台31	0.068 52	0.104 79	0.873 79	0.864 92	0.685 15	BBB
平台32	0.089 17	0.561 18	0.512 33	0.977 27	0.659 21	BBB

如表 5.9 所示，其中平台 31、平台 32 最终得分分别为 0.685 15、0.659 21，其最终评级都为 BBB。分析其原因，从表 5.9 可以看出紫金所的平台实力得分较低，仅为 0.068 52。平台 31 的注册资本相对于其他平台较少，其活跃程度得分也较低，在样本期内其借款人数、投资人数相较于其他均较少。同样，平台 32 注册资本也较少，所以其平台实力得分也较低；在活跃程度方面，其样本期内借款人数、投资人数虽然也较少，但其成交金额较高，故而其活跃程度得分处于样本平台的中等水平。从这两个例子可以看出本书的评分体系是科学和合理的。

5.3.2 熵权 Topsis 的评价模型构建

本小节将采用熵权 Topsis 模型来综合评价互联网金融平台的风险抵御能力。Shannon 提出信息熵的理念，熵权法是基于信息熵来进行客观赋权，用于避免一般评价方法中的赋权问题人为主观因素的影响。熵代表信息的不确定性，而信息熵可度量系统无序的程度（刘飞 等，2021）。在综合评价体系中，某指标所含信息量越大，信息熵越小，信息的不确定性也越小，因而赋予指标的权重则会越大，进而对综合评价的影响也越大。Topsis 是一种有效的多指标评价方法，Hwang 等（1981）在提出该模型时，介绍了正理想解和负理想解两个基本概念。该方法是采用欧氏距离测量待评对象分别与正理想点和负理想点的距离，获得每个评价对象与两者的相对接近度，并对各评价对象进行排序的过程。熵权 Topsis 是熵权法与 Topsis 法的结合运用，样本量要求相对较小，计算简单，结果具有客观性与合理性的优势（聂富强 等，2019；李凯风 等，2019）。

熵权 Topsis 主要过程共分为以下几步：

第一，熵权 Topsis 首先使用熵权法计算权重值，并将数据进行加权得到新数据；

第二，使用新数据进行 Topsis 法，最终完成分析；

第三，表 5.10 中展示出熵权法（即第一步）时各评价指标项的权重值，接着以权重值对数据进行加权，用于第二步的 Topsis 分析。

熵权 Topsis 具体计算步骤如下：

假设 m 个评价对象有 n 个评价指标，q_{ij} 代表第 i 个平台第 j 个指标的测度值。

(1) 首先得到各指标的熵值 e_{ij}：

$$e_{ij} = -\frac{1}{\ln m}\left(\sum_{j=1}^{m} f_{ij} \ln f_{ij}\right) \quad (5.4)$$

其中，$f_{ij} = q_{ij} \sum_{j=1}^{m} q_{ij}$

(2) 确定平台综合评价体系中指标的熵权：

$$w = (w_i) 1 \times n \quad (5.5)$$

其中，$w_i = 1 - e_{ij}/n - \sum_{i=1}^{n} e_{ij}$

(3) 构建加权评价矩阵 V：

$$V = (v_{ij})_{m \times n} = q \times w \quad (5.6)$$

(4) 基于加权矩阵，确定正理想解 V^+ 和负理想解 V^-：

$$V^+ = (v_1^+, v_2^+, \cdots, v_n^+) \quad (5.7)$$

其中，$v_i^+ = \max\{v_{ij} | i=1,2,\cdots,m; j=1,2,\cdots,n\}$

$$v^- = (v_1^-, v_2^-, \cdots, v_n^-) \quad (5.8)$$

其中，$v_i^- = \min\{v_{ij} | i=1,2,\cdots,m; j=1,2,\cdots,n\}$

(5) 计算各评价对象到正理想解和负理想解的欧式距离：

$$D_i^+ = \sqrt{\sum_{j=1}^{n}(v_{ij} - v_j^+)^2} \quad (5.9)$$

$$D_i^- = \sqrt{\sum_{j=1}^{n}(v_{ij} - v_j^-)^2} \quad (5.10)$$

(6) 确定各评价对象与正负理想解的相对接近度：

$$C_i = \frac{D_i^+}{D_i^+ + D_i^-} \quad (5.11)$$

其中，$i=1,2,\cdots,m$，$0 \ll C_i \ll 1$

1. 互联网金融平台指标综合评价

首先，直接对 10 个变量进行评价，结果汇总见表 5.10。

表 5.10 熵值法计算权重结果汇总 1

互联网金融平台10项指标	信息熵值 e	信息效用值 d	权重系数 w
注册资本	0.698 3	0.301 7	28.35%
运营时间	0.945 6	0.054 4	5.11%
成交金额	0.858 6	0.141 4	13.29%
借款人数	0.760 0	0.240 0	22.54%
投资人数	0.768 4	0.231 6	21.76%
人均借款金额	0.977 1	0.022 9	2.15%
人均投资金额	0.987 7	0.012 3	1.16%
前十大借款人待还金额占比	0.989 6	0.010 4	0.98%
平均借款期限	0.965 3	0.034 7	3.26%
平台杠杆	0.985 0	0.015 0	1.41%

从表 5.10 可以看到,在互联网金融平台风险抵御能力的二级指标中,平台注册资本所占权重最高,占比为 28.35%,借款人数所占的权重其次,为 22.54%,然后是投资人数,所占权重为 21.76%,上述 3 项指标所占权重遥遥领先,说明其在平台风险识别与控制中起决定性作用。相反,人均借款金额和投资金额、平台杠杆,以及前十大借款人待还金额占比所占权重较低,所起作用相对较小。

表 5.11 Topsis 评价计算结果 1

互联网金融平台	正理想解距离 D^+	负理想解距离 D^-	相对接近度 C	排序结果
平台 23	0.412	0.055	0.117	16
平台 9	0.396	0.077	0.163	10
平台 25	0.418	0.057	0.119	15
平台 19	0.428	0.036	0.078	32
平台 15	0.429	0.04	0.086	29
平台 21	0.425	0.05	0.106	19
平台 22	0.434	0.045	0.093	24
平台 8	0.381	0.123	0.245	7
平台 4	0.351	0.243	0.409	3
平台 16	0.423	0.047	0.100	21

续表

互联网金融平台	正理想解距离 D^+	负理想解距离 D^-	相对接近度 C	排序结果
平台 6	0.307	0.295	0.49	1
平台 10	0.428	0.045	0.094	23
平台 24	0.432	0.048	0.100	22
平台 18	0.437	0.038	0.079	31
平台 29	0.434	0.043	0.091	26
平台 1	0.318	0.252	0.443	2
平台 31	0.436	0.041	0.085	30
平台 32	0.415	0.128	0.236	8
平台 28	0.437	0.043	0.089	27
平台 7	0.427	0.066	0.134	12
平台 20	0.436	0.044	0.092	25
平台 14	0.419	0.050	0.107	18
平台 17	0.418	0.049	0.105	20
平台 5	0.349	0.152	0.303	6
平台 30	0.416	0.061	0.128	14
平台 3	0.355	0.242	0.405	4
平台 27	0.439	0.043	0.088	28
平台 13	0.419	0.053	0.111	17
平台 26	0.409	0.082	0.167	9
平台 2	0.352	0.169	0.324	5
平台 12	0.418	0.064	0.133	13
平台 11	0.425	0.072	0.145	11

从表 5.11 可知，利用熵权法后加权生成的数据进行 Topsis 分析，针对 10 个指标进行 Topsis 评价，同时评价对象为 32 个；Topsis 法首先找出评价指标的正负理想解值（V^+ 和 V^-）（见表 5.12），接着计算出各评价对象分别与正负理想解的距离值 D^+ 和 D^-。根据 D^+ 和 D^- 值，最终计算得出各评价对象与最优方案的接近程度（C 值），并可针对 C 值进行排序。

可以看到,平台 6、平台 1、平台 4 在 10 项互联网金融平台二级指标下综合评分排名前三,结合指标权重来看,排名靠前的互联网金融平台均具有较高的注册资本、借款人数、投资人数和运营时间,因此这些平台具有良好的资本支撑与运营保障,当平台流动性受到局部违约影响时,交易的活跃度也可以对平台资金进行一定的补充,从而降低整体风险,提高借款人和投资人对平台的信用度而进一步促进交易,有助于形成良性循环。即使人均借款金额、投资金额以及前十大借款人待还金额占比的权重相对较低,但综合排名靠前的平台在上述方面也表现较好,平台通过分散借款来分散风险。然而,平均借款期限与平台杠杆还相对较高,长期来看,这些平台的流动性压力会随之增加,积累流动性风险,因此综合评价较好的平台在流动性风险的控制方面还有待加强。相反的,平台 19、平台 18、平台 31 等平台的综合评分处于较低水平,在各项指标下均有待加强,承受的潜在风险更高,平台自身相对脆弱,不利于投资者与借款者的利益保障。

表 5.12　正负理想解

互联网金融平台 10 项指标	正理想解 V^+	负理想解 V^-
注册资本	0.286	0.003
运营时间	0.052	0.001
成交金额	0.134	0.001
借款人数	0.228	0.002
投资人数	0.220	0.002
人均借款金额	0.022	0.000
人均投资金额	0.012	0.000
前十大借款人待还金额占比	0.010	0.000
平均借款期限	0.033	0.000
平台杠杆	0.014	0.000

注:正负理想解是计算正负理想解距离(D^+ 和 D^-)时的中间过程值,正理想解 V^+ 表示评价指标的最大值,负理想解 V^- 表示评价指标的最小值。

2. 构建指标体系

使用等权重法构建各指标体系,使用熵权 Topsis 法对其进行综合评价,计算出各指标的权重。利用熵权法后加权生成的数据进行 Topsis 分析,针对 4 个指标

（平台实力、平台活跃程度、平台借款分散程度、平台资金的流动性），进行 Topsis 评价，同时评价对象为 32 个；Topsis 法首先找出评价指标的正负理想解值（V^+ 和 V^-），接着计算出各评价对象分别与正负理想解的距离值 D^+ 和 D^-，计算的权重见表 5.13。

表 5.13　熵值法计算权重结果汇总 2

互联网金融平台 4 项指标	信息熵值 e	信息效用值 d	权重系数 w
平台实力	0.936 9	0.063 1	28.76%
平台活跃程度	0.860 1	0.139 9	63.83%
平台借款分散程度	0.996 0	0.004 0	1.84%
平台资金的流动性	0.987 8	0.012 2	5.58%

由表 5.13 可以看出，平台实力的权重为 28.76%，平台活跃程度的权重为 63.83%，平台借款分散程度的权重为 1.84%，平台资金的流动性的权重为 5.58%，其中，平台实力与平台活跃程度的权重最高，在平台风险评估与防控方面起着至关重要的作用。虽然平台借款分散程度与平台资金的流动性所占权重较低，但在实际应用中，两者对于风险的分散与补偿能力均有着不可或缺的作用。

根据 D^+ 和 D^- 值，最终计算得出各评价对象与最优方案的接近程度（C 值），并可针对 C 值进行排序，见表 5.14。

表 5.14　Topsis 评价计算结果 2

互联网金融平台	正理想解距离 D^+	负理想解距离 D^-	相对接近度 C	排序结果
平台 23	0.419	0.066	0.136	20
平台 9	0.361	0.13	0.264	10
平台 25	0.426	0.064	0.131	21
平台 19	0.439	0.043	0.089	31
平台 15	0.426	0.058	0.119	26
平台 21	0.435	0.062	0.124	23
平台 22	0.446	0.052	0.104	29
平台 8	0.303	0.183	0.377	7

续表

互联网金融平台	正理想解距离 D^+	负理想解距离 D^-	相对接近度 C	排序结果
平台 4	0.158	0.351	0.690	4
平台 16	0.412	0.068	0.141	19
平台 6	0.327	0.174	0.346	8
平台 10	0.42	0.061	0.128	22
平台 24	0.442	0.06	0.119	27
平台 18	0.451	0.044	0.089	32
平台 29	0.471	0.048	0.093	30
平台 1	0.113	0.46	0.802	1
平台 31	0.431	0.06	0.122	24
平台 32	0.273	0.212	0.437	6
平台 28	0.459	0.055	0.107	28
平台 7	0.383	0.104	0.214	13
平台 20	0.449	0.061	0.120	25
平台 14	0.41	0.081	0.166	15
平台 17	0.418	0.078	0.157	16
平台 5	0.195	0.287	0.596	5
平台 30	0.42	0.077	0.156	17
平台 3	0.117	0.371	0.761	2
平台 27	0.457	0.081	0.151	18
平台 13	0.404	0.099	0.196	14
平台 26	0.388	0.116	0.230	12
平台 2	0.133	0.347	0.723	3
平台 12	0.395	0.12	0.234	11
平台 11	0.4	0.153	0.276	9

根据评价结果结合指标体系权重可见,平台1的综合评价得分最高,其次是平台3、平台2等,说明这些平台具有较强的平台实力以及较高的平台活跃度,在借款分散程度以及平台杠杆水平方面也表现较好,总体风险防御能力较强,运营稳定。

相较而言,平台 18、平台 19 和平台 29 等平台的综合实力及风险抵御能力则相对较低。

综上评价结果可见,无论是层次分析法还是熵权 Topsis 法来构建综合评价体系,平台 1、平台 3、平台 2、平台 6、平台 8 等平台在信用评级与风险防控能力方面均表现突出,说明这些平台不仅信用等级相对较高,而且在平台实力、平台活跃程度、平台借款分散程度,以及平台的资金流动性方面也都具备相当的实力,因而综合评分排名靠前。相反的,当平台活跃程度和平台借款分散程度的指标权重更高时,平台 13、平台 15 和平台 18 的综合信用等级较低,而平台实力与平台活跃程度主导指标权重时,平台 18、平台 19、平台 21、平台 22 等平台的抗风险综合能力评分排名靠后。以平台 18 为例,该平台注册资本与运营时间都相对较少,因此平台实力相对较弱,容易产生运营风险;其次,它的成交额、借款和投资人数在平台中属于少的,因此带来较低的平台活跃程度,其资金的流转和运营的顺畅度都会受到影响,当遇到一定规模违约时,对平台的打击将是巨大的;在借款分散程度方面,数据表明无论是人均借款金额、人均投资金额,还是前十大借款人待还金额占比相较于其他平台都属于较高的水平,因此平台借款分散程度处于较高水平,单一主体违约造成的损失也较大,降低了平台抵御信用风险的能力,信用评级随之下降,进一步影响后续平台的借贷循环;平台 18 的借款期限相对较低,但是平台杠杆程度位居前几,意味着平台面临着一定的资金流动性风险。总的来说,两种评价方法的结果基本符合各平台的实际情况,对平台的风险有一定的评估能力,进而有助于平台及时调整策略防控风险。

参考文献

范超,王磊,解明明,2017. 新经济业态 P2P 网络借贷的风险甄别研究[J]. 统计研究,34(2):33 - 43.

冯博,叶绮文,陈冬宇,2017. P2P 网络借贷研究进展及中国问题研究展望[J]. 管理科学学报,20(4):113 - 126.

何光辉,杨咸月,蒲嘉杰,2017. 中国 P2P 网络借贷平台风险及其决定因素研究[J]. 数量经济技术经济研究,34(11):44 - 62.

李凯风，李星，2019. 债务风险水平的识别及对区域金融风险的影响：基于熵权 TOPSIS 法和综合模糊评价法[J]. 上海金融(3)：74-80.

李先玲，2015. P2P 网络借贷平台倒闭原因的实证分析[J]. 金融发展研究(3)：51-55.

廖理，李梦然，王正位，2014. 聪明的投资者：非完全市场化利率与风险识别：来自 P2P 网络借贷的证据[J]. 经济研究，49(7)：125-137.

刘飞，龚婷，2021. 基于熵权 Topsis 模型的湖北省高质量发展综合评价[J]. 统计与决策，37(11)：85-88.

刘绘，沈庆劼，2015. 我国 P2P 网络借贷的风险与监管研究[J]. 财经问题研究(1)：52-59.

聂富强，丁少玲，路紫萌，2019. 中国互联网金融发展绩效测度研究[J]. 统计与信息论坛，34(8)：42-49.

孙宝文，牛超群，赵宣凯，等，2016. 财务困境识别：中国 P2P 平台的风险特征研究[J]. 中央财经大学学报(7)：32-43.

谈超，王冀宁，孙本芝，2014. P2P 网络借贷平台中的逆向选择和道德风险研究[J]. 金融经济学研究，29(5)：100-108.

王立勇，石颖，2016. 互联网金融的风险机理与风险度量研究：以 P2P 网贷为例[J]. 东南大学学报(哲学社会科学版)，18(2)：103-112.

叶青，李增泉，徐伟航，2016. P2P 网络借贷平台的风险识别研究[J]. 会计研究(6)：38-45.

于博，2017. P2P 网络借贷：交易决策、风险传导与监管策略：文献综述与研究反思[J]. 中央财经大学学报(10)：21-32.

张国文，2014. 论 P2P 网络借贷平台的风险防范与监管[J]. 武汉金融(4)：9-11.

赵礼强，刘霜，易平涛，2018. 我国 P2P 网络借贷平台的信用评级研究：来自"网贷之家"的证据[J]. 金融理论与实践(8)：58-63.

Hwang C L, Yoon K, 1981. Multiple attribute decision making: methods and applications[M]. New York: Springer-Verlag.

Saaty T L, 1979. Applications of analytical hierarchies[J]. Mathematics and Computers in Simulation, 21(1): 1-20.

Shannon C E, 1948. A mathematical theory of communication[J]. The Bell System Technical Journal, 27(3): 379-423.

第六章 基于大数据的互联网金融平台个人信用评分模型

本章基于互联网金融平台个人借贷样本,以 Logistic、神经网络、决策树方法作为基分类器,决策树作为次级分类器构建了包含借款人特征、借款人所处行业和借款人所处城市宏观信息的 Stacking 集成策略互联网借贷信用评估模型指标体系,并运用聚类方法验证了该指标体系的有效性。实证研究表明,相较于传统方法,集成策略能在保证最优综合性能的基础上更有效地提升互联网金融平台借贷业务的实际违约预测精度,这为互联网金融平台个人信用评分系统的建立提供了一个思路和示例。

6.1 研究背景

随着信息技术的发展,"互联网+金融"衍生出了很多金融创新,在线借贷平台是创新中的热点。作为普惠金融的重要渠道之一,在线借贷平台模式在增加小微个体融资和增强经济活力等方面被寄予厚望,然而近年来在线借贷平台"跑路"与倒闭的消息不断传来,也揭示了这一创新的金融方式蕴涵着巨大风险。在我国,绝大多数在线借贷平台在经营时已经偏离了信息中介的范畴(曹晓路,2016),平台的收益和借款人的信用高度相关。如何有效区别不同资质的借款人,进而降低整个平台的违约率,对于互联网金融平台借贷业务的健康运营以及可持续发展具有极强的现实意义。

如何有效识别并规避信用风险,降低违约率一直是学术研究的热点。传统金融机构的个人征信方式围绕"硬信息"展开,积累了一套成熟的个人信用评分体系;

然而，互联网金融平台借贷业务面对的往往是"长尾需求"群体（王博 等，2017），往往较难从传统金融机构获取贷款，且其行为特征异质性强，造成传统的个人信用评分体系适用性较差。在小贷公司实务中，往往需要通过现场调查来挖掘借款人的"软信息"，以期能够更准确地评价借款人信用状况，但这种方式效率较低，更多依赖于调查人的个人经验，不能够批量应用。此外，现场调查所得数据的可靠性也值得商榷。因此，在互联网金融平台借贷业务的用户与数据量与日俱增的大背景下，基于数据挖掘和算法改进的互联网金融平台个人信用风险识别方法日趋成为研究的热点。

针对异常贷款识别的常用方法包括 Logistic 回归、神经网络、支持向量机、决策树等等。然而汇总前人研究，发现互联网金融平台借款人的"长尾特征"很难由一种单一方法应用来实现有效的违约预测。因此，为了提高互联网金融平台网贷中对于异常标的的识别能力，本章提出了 Stacking 集成策略：以 Logistic、神经网络、决策树方法作为基分类器，决策树作为次级分类器进行建模，充分结合 3 个分类器的优点进行互联网金融平台的违约预测。并且在指标体系选择上创新性地纳入借款人所在城市的宏观变量信息，通过充分利用借款人内外部信息的方式提高模型检测的准确性，并采用聚类的方法验证了指标体系选取的有效性。

本章内容的主要贡献在于：理论上将 Stacking 集成策略运用在互联网金融平台借贷业务领域，为提取"长尾特征"提供了一种新的解决方式；实证方面，提出的 Stacking 集成策略方法能够提升异常借款检测效果，特别是能够有效地甄别违约借款人；在实践上为互联网金融平台借贷业务风险控制提供了一种有效且稳定的异常借款识别方法，可以降低互联网金融平台的经营风险。

6.2 文献回顾

在我国，早期在线借贷平台的理论研究大多建立在平台经济学的基础上（Chakravorti et al.，2006；徐晋 等，2006）。邱甲贤等（2014）实证分析了 Prosper.com 在线个人借贷平台用户网络外部性特征和平台定价策略对借贷双方效用及平台收入的影响，研究发现用户价格弹性和网络外部性会随着平台的发展不断变化，在平台运作初期快速发展的情况下，用户价格弹性和网络外部性的快速变化，将会提高平台运营的难度。针对其运营特点,在线借贷平台通常的定义是指贷款人与投资者之间通过网络借贷平台而非金融机构进行的基于信用的借贷交易(Lin et al.,2013;Bachmann et al.,2011),因此,如何保障交易安全、降低信用风险成了研究关注的热点和重点。宫晓林(2013)提出互联网金融业的持续健康发展要在积极创新吸引更多用户的同时依靠互联网金融企业的自律来加强系统安全建设。然而行业自律这样的"弱约束"很难有效地进行风险控制。在线借贷平台除了技术上的数据安全,在交易中还存在着借贷审核技术风险、中间账户风险和流动性风险等等(王会娟,2015)。在宏观监管层面,学者们对风险进行了分析,并提出了相关的政策建议,如刘绘等(2015)针对当前在线借贷平台主要面临的非法集资、产品异化、资金混同和保障不足等风险,从征信体系、信息披露、产品信用评级行业以及自律标准4个方面提出了监管建议。在微观层面,学者们对于在线借贷平台的参与者个人信息、行为、交易模式等方面对于平台风险控制的影响展开了详细的分析(张文远 等,2018)。

　　Klafft(2008)利用美国网络借贷平台 Prosper 的数据,实证发现信用评级对借贷交易行为的影响程度最大,信用评级越高,越容易获得贷款;而贷款利率越低,逾期还款率就越低。王会娟等(2014)基于"人人贷"的数据也分析了在线借贷平台的信用认证机制对借贷行为的影响。研究发现信用评级越高,借款成功率越高且借款成本越低。另外,相比单纯的线上信用认证方式,线上和线下相结合的信用认证方式更能提高借款成功率并降低借款成本。刘志明(2014)基于说服的双过程模型对 Kiva 平台中的借贷项目进行了建模和实证分析,结果表明,审贷机构的专业性、呼吁信息的信息量和所包含的情感强度都对网民的出借行为具有正面影响。廖理等(2014)针对在线借贷平台投资者风险识别的行为进行了研究。他们发现投资人能够有效识别平台提供的信息并规避违约风险。而廖理等(2015)进一步研究发现在线借贷平台投资者如不能继续在其他投资者的投资行为中获取更多信息,"羊群现象"将逐步消失,再次证明了市场中理性投资人的存在。

　　前人研究还发现,除信用之外的个人的性别、年龄、相貌等特征信息也会对借贷交易行为产生影响。如 Duarte 等(2012)对个人借贷研究发现,长相越值得信任的人越容易获得贷款,且贷款利率相对较低。陈霄等(2013)研究发现在线借贷平台中,女性借款人的违约率低于男性借款人,但女性借款人的成功率小于男性借款人。Malekipirbazari 等(2015)将个人的非标准财务信息纳入借款人评价模型中,发现模型预测效果优于 Lending Club 的信用等级评价效果。崔婷等(2018)指出平台双边借贷用户供求关系、外部资金成本等多重因素对网贷利率有显著影响。除此之外,社交信息、借款利率等因素也会影响到借款人的违约行为。如基于 Prosper 的数据,缪莲英等(2014)从借款人的社会资本角度来看待借款人的违约行为,他们发现若能够有效引入借款人的社会资本,例如增加投资者中朋友的人数,借款列表将收到更多的推荐次数等,从而显著降低借款人的违约风险。利用人人贷的数据,何平平等(2016)的实证结果表明利差包含了违约风险的隐含信息,且两者是同向变化的,即利差越大,违约风险越大。借款人会利用自身的信息优势,隐瞒对自己借款不利的信息;同时,其研究还发现借款金额与期限的增加会增大借款人违约风险,而年龄与违约风险也是呈正向相关关系。

在关于信用风险评价方法的研究中,已有很多成熟的利用小样本、基于数理统计的信用评价建模方法,如 Logistic 回归、Probit 回归、贝叶斯模型等等(Cubiles-De-La-Vega et al.,2013;迟国泰 等,2016)。由于在线借贷平台服务于"长尾群体"的特征,突破了传统数理统计方法中的正态分布、同方差等假设(Hua et al.,2007),通过机器学习进行信用风险评估的建模方法逐渐兴起。机器学习模型中,人工神经网络、聚类、支持向量机(SVM)、随机森林算法等都是常见的分类模型。如柳向东等(2016)利用随机森林模型对在线借贷平台网贷的信用风险进行了评估,并且采用了 Smote 算法对不平衡数据进行了处理。丁岚等(2017)运用集成策略,以 Logistic 回归、决策树、支持向量机作为初级学习器,SVM 作为次级学习器来预测平台违约风险,其实证结果表明集成策略能显著提高预测的准确率。罗钦芳等(2017)以基于密度的 Dbscan 聚类算法为第一层次,以一般分类算法为第二层次,运用"多层次分类"的方法识别异常的在线借贷平台网贷标的。

总体来说,已有研究表明影响借贷人信用风险的因素除了历史信用信息之外,还有很多个人特征对其有较大影响,但之前的文献往往只重点关注借款主体的个人因素,忽视了其所处的宏观和地域因素;并且采用"单一"方法策略较多,"集成"策略较少。因此,鉴于互联网金融平台借贷群体的"长尾群体"特征,本章在构建指标体系时考虑了借款主体的个人特征信息、历史信用信息的同时充分挖掘了借款人所处的地域和经济环境等特征状况,并且应用更为复杂和有效的集成策略来进行违约预测分析。

6.3 理论框架与模型

研究主要分为3个阶段:第一,以借款人特征指标、借款人所处行业指标和借款人所处城市宏观指标为分类的指标体系,并通过聚类方法验证指标体系的有效性;第二,构建 Stacking 集成策略模型;第三,进行实证验证。

1. 指标体系有效性验证

在数据标准化的基础上,建立指标体系。对于构建的指标体系使用 K-Means 聚类方法,选取 K 个聚类中心点,进行多次迭代寻求有效簇,使得簇之间的变化大于簇内的变化,该概念类似于方差分析,故可定义一个伪-F 统计量,并进行检验,一个"好"的簇将给出一个大的伪-F 统计值,此时代表簇间差异大于簇内差异,我们选取 0.05 的显著性水平,若高于此值则相应的指标体系将被剔除。

该方法是一个不断最小化目标函数的过程,此过程的目的在于找出数据集 χ 的一个划分 $C=\{C_1,C_2,\cdots,C_k\}$,其中 $C_i \cap C_j = \varnothing(\forall i \neq j)$ 并且 $\bigcup_{i=1}^{k}C_i=\chi$。此处的目标函数是簇内平方差的和(Within-cluster Sum of Squares,简称 WCSS)为:

$$\text{WCSS}: \sum_{i=1}^{k}\sum_{\{x_j \in C_i\}}\|x_j-\mu_i\|^2$$,其中 μ_i 是第 i 个簇的中心。

2. 集成策略构建

集成策略中集成学习(Ensemble Learning)指通过聚集多个分类器的预测结果来提高分类准确率。其中个体学习器作为基分类器,用于结合的学习器为次级学习器;通过输入训练样本的特征变量到基分类器,并将其预测结果作为训练数据输入次级学习器集成方法来得出最终预测结果。借鉴已有的研究思路(丁岚 等,2017;Wolpert,1992;周志华 等,2011),本章选取了 Logistic、神经网络和决策树3种方法作为基分类器,决策树作为次级学习器建立 Stacking 集成策略在线借贷平台网贷信用风险预测模型。

Stacking 集成策略的基本思想是将各种不同的预测用线性组合的方式"堆"起来:$f_{\text{stacking}}(x) = \sum_{i=1}^{m}a_i f_i(x)$。其中 $f_i(x) = \text{argmax}_y P(y|x)$;$y$ 为类别属性,即是否违约的 0—1 变量;x 为样本特征变量;m 表示基分类器的个数;权重 a_i 的确定将在下文进行介绍。

3. 验证方法选取

选用十折交叉验证法进行集成策略模型验证,充分利用了本章的全部样本。

已有研究中,十折交叉验证普遍被认为是获得最好误差估计从而防止模型过度拟合的最优选择。因此,本章在检验模型时采取十折交叉验证法,将数据集分成10份,轮流将其中9份作为训练集,1份作为测试集,进行检验,每次验证都会得出模型检验指标的值,然后对10次结果取平均值作为对模型效果的估计。

基于十折交叉验证法,权重 a_i 的确定方法如下:首先定义第 $j(j=1,2,3)$ 个基分类器的交叉验证损失定义为

$$R_{CV}^j = \sum_{v=1}^{10} \sum_{i \in val(v)} l(y_i, p_{ji}^{-v}) \tag{6.1}$$

其中 $val(v)$ 表示被分到第 v 个子样本的指标集,p_{ji}^{-v} 表示使用除了第 v 个子样本中数据的所有数据为训练集的基于第 j 个分类器的第 i 个观察值的预测值,而函数 l 的选取则依赖于不同的分类器。式(6.1)中的权重由式(6.2)给出:

$$\boldsymbol{a} = \{a_1, a_2, \cdots, a_m\} = \mathrm{argmin}_a R_{CV}(\boldsymbol{a})$$

$$R_{CV}(\boldsymbol{a}) = \sum_{v=1}^{10} \sum_{i \in val(v)} l(y_i, \sum_{j=1}^{m} a_j p_{ji}^{-v})$$

研究方法流程图见图 6.1。

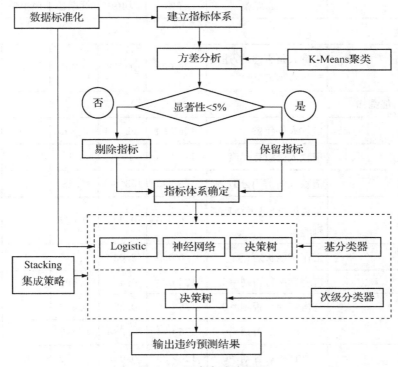

图 6.1　研究方法流程图

6.4 实验分析

6.4.1 指标与样本

本章选取了 2016 年 1~12 月某在线借贷数据进行数值实验,数据来源于"爱杰数据服务平台",借款人所处城市级数据来源于《中国城市统计年鉴》,金融生态环境指数来源于《中国地区金融生态环境评价》。通过筛选,剔除部分数据缺失标的,最终选取了标的状态为已还清/违约的 126 090 个观测值进行研究,其中有 98 633 个未违约观测值,27 457 个违约观测值。违约指标 Default 为分类标签,指标体系共包含 17 个指标,其中创新性地引入借款人所处城市宏观指标 4 个。指标定义与描述性统计详见表 6.1。

表 6.1 指标定义与描述性统计

	定义	样本	均值	标准差	最小值	最大值
分类标签						
违约	借款人是否违约,违约=1,否则为 0	126 090	0.218	0.413	0	1
借款人特征指标						
年龄	借款人的年龄	126 090	36.744	8.395	20	69
受教育程度[①]	借款人受教育程度	126 090	1.01	0.76	0	3
信用分数	借款人的信用分数	126 090	153.848	49.431	0	245
婚配情况	是否婚配,已婚=1,否则=0	126 090	0.703	0.457	0	1
工作年限[②]	工作年限长短	126 090	2.034	1.111	1	4
房产	有房产=1,否则=0	126 090	0.440	0.496	0	1
房贷	有房贷=1,否则=0	126 090	0.224	0.417	0	1
车产	有车产=1,否则=0	126 090	0.280	0.449	0	1
车贷	有车贷=1,否则=0	126 090	0.067	0.250	0	1

续表

	定义	样本	均值	标准差	最小值	最大值
借款人所处行业指标						
制造业	在制造业工作=1,否则为0	126 090	0.172	0.377	0	1
零售业	在零售业工作=1,否则为0	126 090	0.238	0.426	0	1
IT行业	在IT行业工作=1,否则为0	126 090	0.048	0.213	0	1
政府从业人员	在政府部门工作=1,否则为0	126 090	0.031	0.172	0	1
借款人所处城市宏观指标						
金融业从业人员占比	金融从业人数/总就业人数	126 090	0.030	0.012	0.01	0.07
人均GDP	实际GDP/城市人口总数	126 090	78 226.53	30 407.28	10 171	200 152
房地产投资占总固定资产投资比	该城市房地产开发投资占总固定投资额之比	126 090	0.275	0.125	0.02	0.604
金融生态环境指数③	该城市的金融生态环境指数	126 090	0.531	0.082	0.367	0.746

注:①将借款人受教育程度分为4类,高中及以下取值为0,大专为1,本科为2,研究生及以上为4。
②将借款人工作年限分为4类,1年以下取值为1,1~3年取值为2,>3~5年取值为3,5年以上取值为4。
③根据该地区的地方债务、经济基础、金融发展、制度与诚信文化四方面综合得出该地区的金融生态环境指数,如县(县级市)数据缺失,则采用其上一级管辖城市数据。

从表6.1可以看出:被解释变量"违约"的均值为0.218,即借款人的违约率在21.8%左右。借款人之间的特征差异较大,信用分数标准差大,从0至245不等,均值为153.8。此外,借款人的年龄均值约为36.7岁,受教育程度的均值为1.01,参加工作的平均年限略高于2年,拥有房产和车产的比例均不足50%。根据这样的特征可以推测,在互联网金融网贷平台上借款的多为中青年,为事业建立期,受教育程度普遍偏低(均值为 1.01,即大专学历),有房产、车产的较少,即生活状态不稳定,收入条件不理想。

从借款人所处行业来看,在互联网金融平台上借款的人大多从事制造业与零售业,这类行业的周转资金需求往往较大,而互联网网贷平台往往能为其提供方便快捷的借款服务,但同样,面临的风险也大。此外,从借款人所处地区的房地产投资占总固定资产投资比均值(0.275)以及金融生态环境指数均值(0.531)来看,当地区投资于房地产的资金越多,金融环境越发达时,该地的居民会倾向于选择在互联网金融平台上借款以满足自身的投融资需求,当然,这只是一个初步的推论。

6.4.2 指标有效性验证

在进行聚类之前,本章对所有指标进行标准化预处理即归一化。由表 6.2 中的方差分析表可以看出,本章构建的指标体系中选取的指标均为显著性较强的指标。由于已选聚类以使不同聚类中个案之间的差异最大化,因此 F 检验只用于描述目的。由显著性水平可知,本章所选取的指标对借款人的聚类都具有显著影响(5%的显著水平)。根据 K-Means 聚类的结果,分为一类(未违约)的样本数为 99 502,分为二类(违约)的样本数为 26 588,接近真实数据集,证明聚类对判定借款人是否违约是有效的。

表 6.2 方差分析表

	聚类		误差		F	显著性
	均方	自由度	均方	自由度		
年龄	3 897.137	1	0.969	126 088	4 021.399	0.000
受教育程度	342.019	1	0.997	126 088	342.947	0.000
信用分数	81 632.618	1	0.353	126 088	231 527.920	0.000
婚配情况	71.344	1	0.208	126 088	342.905	0.000
工作年限	24 163.347	1	0.808	126 088	29 891.476	0.000
房产	761.484	1	0.240	126 088	3 167.732	0.000
房贷	0.783	1	0.174	126 088	4.511	0.034

续表

	聚类		误差		F	显著性
	均方	自由度	均方	自由度		
车产	351.838	1	0.199	126 088	1 771.412	0.000
车贷	7.479	1	0.063	126 088	119.664	0.000
制造业	73.318	1	0.142	126 088	517.497	0.000
零售业	352.453	1	0.178	126 088	1 975.036	0.000
IT 行业	5.760	1	0.045	126 088	126.923	0.000
政府从业人员	229.259	1	0.028	126 088	8 220.730	0.000
金融业从业人员占比	811.224	1	0.994	126 088	816.471	0.000
人均 GDP	17 466.138	1	0.861	126 088	20 274.465	0.000
房地产投资占总固定资产投资比	14 840.076	1	0.882	126 088	16 819.538	0.000
金融生态环境指数	9 832.230	1	0.918	119 350	10 714.845	0.000

6.4.3 数值实验

数值实验选用的软件为 Weka。应用 Stacking 集成策略时，基分类器为 Logistic 回归、决策树以及神经网络；决策树模型选用了能够较为迅速地分析大数据样本的 J48 算法，神经网络输入层到隐藏层函数选择 Sigmoid 函数，隐藏层到输出层选择 Softmax 函数建立网络进行学习，输出层变量为违约（Default）。根据基学习器的初步预测分类结果，选择决策树作为次级分类器进行集成，模型运用十折交叉验证法，最终输出为 10 次验证的均值。

为对比分析集成策略的精确性和稳定性，本章单独使用 Logistic、神经网络和决策树 3 种算法分别进行了数值验证，方法和集成策略相统一，仍然采用了十折交叉验证法。

本章引入 Precision、Recall、F 值、TPR、FPR、ROC 和 PRC 等指标对 Stacking 集成策略构建模型的效果进行评价。Precision（准确率）代表在被预测为违约的样本中实际确实违约的比例；Recall（召回率）是指在实际违约的样本中能被预测出来的比例；F 值是为了综合考量精确率和召回率而设计的一个指标，计算公式为 2×

Precision×Recall/(Precision+Recall)，F 值越大，模型综合检测效果越好；TPR 指的是实际违约样本除以所有违约样本得到的比率；误报率 FPR(False Positive Rate)指的是实际不违约的样本中被误判为违约的样本，也称为一类错误率；漏报率 FNR(False Negative Rate)代表实际违约样本中被误判为不违约的样本，也称为二类错误率。ROC 曲线是以 TPR 为纵坐标、FPR 为横坐标绘制的曲线。PRC 曲线被用于刻画模型的分辨能力，纵坐标为 Recall，横坐标为 Precision。

本章研究采用 ROC 曲线以及 PRC 曲线来判定策略的稳定性。ROC 值和 PRC 值在 0 和 1 之间，当值越大时表明分类器稳定性越好。已有研究表明，在正负样本分布得极不均匀的情况下，PRC 比 ROC 能更有效地反映分类器的好坏。本章不违约样本数远大于违约样本数，因此引入 PRC 曲线来进行进一步的比较。

对于互联网金融平台借贷信用风险而言，借款人违约是主要的风险来源，违约标的增多将会造成投资人潜在的损失，而之前国内主要的在线借贷平台都采取"隐性"担保的方式保障平台投资人的利益，因而违约标的增多会直接导致平台的风险加大。同样，对于开展在线借贷业务的银行而言，借款人风险的误识别也会带来很大的信用风险。因此，更准确地识别违约标的比更准确地识别不违约更为重要。从指标上来看 Precision(准确率)的降低和 FPR(误报率)的提升会造成正确标的被识别为异常标的比例增加，从而降低互联网金融平台可能的盈利水平；但 Recall(召回率)的降低和 FNR(漏报率)的增加会增加异常标的被识别为正常标的的比例，从而带来更大的违约风险，加重在线借贷平台的风险承担。因此，需重点观测 Recall(召回率)和 FNR(漏报率)的数值实验结果。

6.4.4 结果分析

借鉴已有研究的做法，在进行了 10 次重复实验后，选取了每一种策略数值实验所得到的平均值，混淆矩阵对比结果详见表 6.3。混淆矩阵(Confusion Matrix)显示不同类别对应的实例数，表行为实际是否违约，表列为预测是否违约的结果。由于本章被解释变量的二元属性，实际值和预测值的组合能产生 4 种不同的结果。其中，矩阵主对角线上的真阳性和真阴性表示预测和真实类别相符，也就是正确分类的个数；同理，另一条对角线上的值为假阳性和假阴性代表预测结果和真实值不相符。鉴于在对个人信用风险进行评价的过程中，未能得到有效识别的违约标的会极大地增加平台风险,因此,将违约标的错分为未违约标的占比假阴性率(二类错误率),需要重点加以关注。

表 6.3 混淆矩阵对比

		预测不违约	预测违约
神经网络	实际不违约	92 742	5 891
	实际违约	2 858	24 599
决策树	实际不违约	95 339	3 294
	实际违约	2 053	25 404
Logistic	实际不违约	92 894	5 739
	实际违约	3 837	23 620
Stacking	实际不违约	95 375	3 258
	实际违约	1 869	25 588

从数值实验指标值对比结果来看(见表 6.4),Stacking 集成策略具有最高的 Recall 为 0.932,以及最低的 FNR 为 0.068,相比其他 3 类算法,集成策略能够更好地满足互联网金融借贷平台风险控制的需求;从预测 Precision(准确率)指标来看,单独使用决策树算法的表现优于单独使用 Logistic 和神经网络算法,但对比集成策略算法仍然略差一点;单独使用决策树策略和集成策略的 FPR(误报率)值几乎相同。从"误伤"的视角来看(FNR 值),集成策略算法的表现仍然是最优的。结合模型总体评价指标 F 值的对比可以发现,集成策略算法的预测表现也是最好的。

从互联网金融平台借款人违约风险预警和风险控制的角度来看,Stacking 集成策略相对其他算法策略而言具有一定的优势,能够较好地预测到违约借款人,且"误伤"率也相对较低,能够更好地实现互联网金融平台借款人的信用风险评价。总体来说,用于度量模型准确性的 TPR、Precision、F 值 3 个评价指标中 Stacking 集成方法表现较好,综合 ROC 与 PRC 指标来看[①],虽然 Stacking 集成方法的稳定性略低于神经网络,但其稳定性高于决策树与逻辑回归,因此综合分类准确率以及模型稳定性指标,集成策略能够较好地将各分类器的优势集中起来,是更为理想的

---

① 接受者操作特征曲线下面积(ROC Area)和查准率-查全率曲线下面积(PRC Area)对模型的稳定性进行度量,两值越接近于 1,说明曲线下方的面积越大,分类检测效果越好。

分类模型。

表 6.4 数值实验结果指标值

	Precision	Recall	F	FPR	FNR	ROC	PRC
Logistic	0.805	0.860	0.831	0.058	0.140	0.951	0.952
神经网络	0.807	0.896	0.849	0.060	0.104	0.972	0.971
决策树	0.885	0.925	0.905	0.033	0.075	0.963	0.958
Stacking 集成策略	0.887	0.932	0.909	0.033	0.068	0.967	0.964

6.5 结论

我国互联网金融平台的借贷业务作为互联网金融的创新举措,其健康发展依托于其风险甄别与控制能力,在平台正常经营的情况下,风险的主要来源是借款人是否按时还款。传统的统计学方法建模预测违约问题面临着很多约束条件,不适用于服务于"长尾"群体的信用风险评价体系的构建。从近年来得到广泛关注的机器学习方法应用效果来看,单一的机器学习方法的精确度也具有很大的提升空间。

本章构建了一种基于 Stacking 集成策略的在线借贷平台借贷信用违约预测方法模型,数值实验表明,以 Logistic、神经网络、决策树方法作为基分类器,决策树作为次级分类器的集成策略模型,相较传统单一算法,能够更为精准地预测违约标的,综合评价效能相对更优。随着近年来金融科技的快速发展,对监管科技的强烈需求,未来研究可以进一步拓展到借款人风险偏好和监管行为等人工智能领域。

参考文献

曹晓路,2016. 金融消费者利益保护与 P2P 网络借贷监管博弈分析:兼评现行网络借贷监管办法[J]. 金融监管研究(11):92-106.

陈霄,丁晓裕,王贝芬,2013. 民间借贷逾期行为研究:基于 P2P 网络借贷的实证分析[J]. 金融论坛,18(11):65-72.

迟国泰, 张亚京, 石宝峰, 2016. 基于 Probit 回归的小企业债信评级模型及实证[J]. 管理科学学报, 19(6): 136-156.

崔婷, 刘家麒, 2018. 网络借贷利率影响因素的实证分析[J]. 统计与决策, 34(2): 164-167.

丁岚, 骆品亮, 2017. 基于 Stacking 集成策略的 P2P 网贷违约风险预警研究[J]. 投资研究, 36(4): 41-54.

宫晓林, 2013. 互联网金融模式及对传统银行业的影响[J]. 南方金融(5): 86-88.

何平平, 蒋银乔, 胡荣才, 2016. 网络借贷 P2P: 利差是否包含违约风险隐含信息? : 来自人人贷交易数据的实证分析[J]. 金融经济学研究, 31(3): 27-37.

廖理, 李梦然, 王正位, 2014. 聪明的投资者: 非完全市场化利率与风险识别: 来自 P2P 网络借贷的证据[J]. 经济研究, 49(7): 125-137.

廖理, 李梦然, 王正位, 等, 2015. 观察中学习: P2P 网络投资中信息传递与羊群行为[J]. 清华大学学报(哲学社会科学版), 30(1): 156-165.

刘绘, 沈庆劼, 2015. 我国 P2P 网络借贷的风险与监管研究[J]. 财经问题研究(1): 52-59.

刘志明, 2014. P2P 网络信贷模式出借行为分析: 基于说服的双过程模型[J]. 金融论坛, 19(3): 16-22.

柳向东, 李凤, 2016. 大数据背景下网络借贷的信用风险评估: 以人人贷为例[J]. 统计与信息论坛, 31(5): 41-48.

罗钦芳, 丁国维, 傅馨, 等, 2017. 基于"多层次分类"方法的异常 P2P 网贷借款识别[J]. 管理工程学报, 31(3): 201-209.

缪莲英, 陈金龙, 2014. P2P 网络借贷中社会资本对借款者违约风险的影响: 以 Prosper 为例[J]. 金融论坛, 19(3): 9-15.

邱甲贤, 林漳希, 童牧, 2014. 第三方电子交易平台运营初期的定价策略: 基于在线个人借贷市场的实证研究[J]. 中国管理科学, 22(9): 57-65.

王博, 张晓玫, 卢露, 2017. 网络借贷是实现普惠金融的有效途径吗: 来自"人人贷"的微观借贷证据[J]. 中国工业经济(2): 98-116.

王会娟, 2015. P2P 的风险与监管[J]. 中国金融(1): 45-46.

王会娟, 廖理, 2014. 中国 P2P 网络借贷平台信用认证机制研究: 来自"人人贷"的经验证据[J]. 中国工业经济(4): 136-147.

徐晋,张祥建,2006. 平台经济学初探[J]. 中国工业经济(5):40-47.

张文远,邢航,2018. 基于进化博弈的 P2P 平台与投资人的行为及仿真分析[J]. 统计与决策,34(8):52-55.

周志华,杨强,2011. 机器学习及其应用 2011[M]. 北京:清华大学出版社.

Bachmann A, Becker A, Buerchner D, et al., 2011. Online peer-to-peer lending a literature review[J]. Journal of Internet Banking and Commerce, 16(2):1-18.

Chakravorti S, Roson R, 2006. Platform competition in two-sided markets: The case of payment networks[J]. Review of Network Economics, 5(1):118-142.

Cubiles-De-La-Vega M D, Blanco-Oliver A, Pino-Mejías R, et al., 2013. Improving the management of microfinance institutions by using credit scoring models based on statistical learning techniques[J]. Expert Systems with Applications, 40(17):6910-6917.

Duarte J, Siegel S, Young L, 2012. Trust and credit: The role of appearance in peer-to-peer lending[J]. The Review of Financial Studies, 25(8):2455-2484.

Hua Z S, Wang Y, Xu X Y, et al., 2007. Predicting corporate financial distress based on integration of support vector machine and logistic regression[J]. Expert Systems with Applications, 33(2):434-440.

Klafft M, 2008. Peer to peer lending: Auctioning microcredits over the Internet[A]. Proceedings of the International Conference on Information Systems, Technology and Management, A. Agarwal, R. Khurana, eds., IMT, Dubai.

Lin M F, Prabhala N R, Viswanathan S, 2013. Judging borrowers by the company they keep: Friendship networks and information asymmetry in online peer-to-peer lending[J]. Management Science, 59(1):17-35.

Malekipirbazari M, Aksakalli V, 2015. Risk assessment in social lending via random forests[J]. Expert Systems with Applications, 42(10):4621-4631.

Wolpert D H, 1992. Stacked generalization[J]. Neural Networks, 5(2):241-259.

第七章 互联网金融的数据治理结构解析

本章筛选了 12 家具有代表性的中国互联网金融平台作为研究对象,首先,利用数据挖掘技术建立了数据库,以平台服务层级、企业特征、数据治理水平 3 个角度作为切入点对互联网金融平台运营模式展开了研究,并以图表等形式展现了分析结果;其次,以上述 3 个角度为抓手,对代表性金融平台数据治理状况进行了翔实的分析;最后,结合现实对互联网金融平台数据治理中存在的问题进行分析,并给出了翔实的互联网金融平台构建方针。

7.1 代表性互联网金融平台样本选择

为了便于搜集到较为完整的平台数据治理的有关信息,本章将中国互联网金融平台依据支付、贷款、理财等 9 种业务进行分类,并搜集资料,整理罗列出了百度、阿里和腾讯等 8 家具有代表性集团旗下的互联网金融平台,见表 7.1。

表 7.1 中国常见互联网金融平台业务分类表

业务分类	百度	阿里	腾讯	京东	小米	360	平安	万达
支付	百度钱包	支付宝	微信支付、财付通	京东支付、网银在线、白条信用卡	小米支付、捷付睿通	360安全支付	平安付、壹钱包	快钱
贷款	百度小贷、百度有钱	蚂蚁微贷、蚂蚁花呗	人人贷、微粒贷	供应链金融	小米小贷	360借条	平安普惠、平安信用	万达网络信贷

续表

业务分类	百度	阿里	腾讯	京东	小米	360	平安	万达
理财	百度钱包	余额宝、招财宝	理财通	京东金库、妈妈理财	小米活期宝	你财富	陆金所、花生钱包	快钱理财
保险	百安保险	国秦产险	众安保险	京东保险	天星金融	360保险	平安人寿、平安产险、	百年人寿
证券	国安证券	德邦证券	富途证券、华泰证券	股神App	老虎证券	—	平安证券	万达财富
基金	大数据基金	天弘基金、数米基金、德邦基金	微众银行基金	—	小米基金宝	中证360	平安大华基金	万达财富
银行	百信银行	网上银行	腾讯征信	京东科技	天星银行	—	平安银行、平安租赁	—
征信	百度征信	芝麻信用	好买基金	—	—	—	前海征信	万达征信服务
众筹	百度金融	蚂蚁达客、淘宝众筹	腾讯乐捐	京东众筹	多彩投	360淘宝、奇酷众筹	平安众筹	稳赚1号房产众筹

本章依据知名度、下载量、好评度等条件,甄选了12家规模较大且具有代表性的互联网金融平台作为研究对象。

最终选取的12家互联网金融平台为:

1. 壹钱包(支付类,属平安壹钱包电子商务有限公司);

2. 360借条(贷款类,属福州三六零网络小额贷款有限公司);

3. 腾讯理财通(理财类,属财付通支付科技有限公司);

4. 平安健康保险(保险类,属平安健康保险股份有限公司);

5. 天天基金(基金类,属上海天天基金销售有限公司);

6. 芝麻信用(信用类,属芝麻信用管理有限公司);

7. 京东金融(众筹类,属京东科技控股股份有限公司);

8. 陆金所(混合类,属上海陆家嘴国际金融资产交易市场股份有限公司);

9. 招商银行(银行类,属招商银行股份有限公司);

10. 中国建设银行(银行类,属中国建设银行股份有限公司);

11. 中国银行(银行类,属中国银行股份有限公司);

12. 中国农业银行(银行类,属中国农业银行股份有限公司)。

括号内的业务为对应平台的主营业务类型,并非涵盖全部业务。例如,壹钱包也提供贷款和理财等服务,此类业务均为支付业务的衍生模块。

7.2 服务层级分析

本节主要基于平台服务层级的角度,利用数据挖掘技术,构建树形结构表示数据与数据之间的联系,进而建立了各个平台结构示意图,并以此为基础对12家平台的数据治理情况进行了初步分析。

7.2.1 服务菜单功能剖析

本小节内容在官方更新公告与用户使用反馈的基础上汇总得出,并利用数据挖掘技术对平台内容进行详尽分析,涵盖了12家平台的一级、二级、三级服务菜单分析,对比平台设计异同、业务侧重点异同等。12家平台的功能框架剖析示意图罗列见图7.1~图7.12。

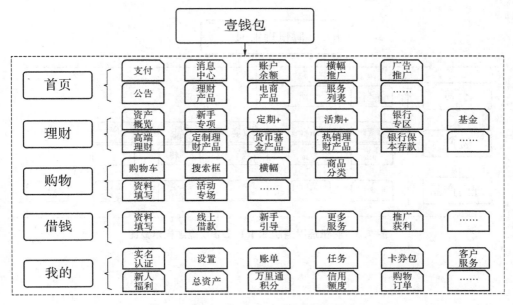

图 7.1　壹钱包版本 7.7.1 功能结构示意图

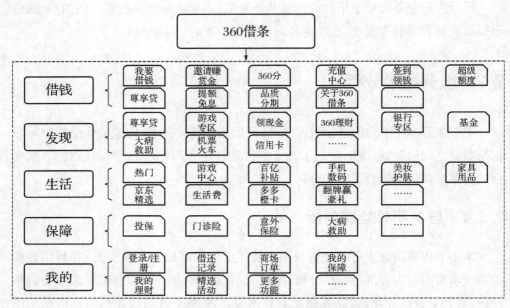

图 7.2　360借条版本 1.9.5 功能结构示意图

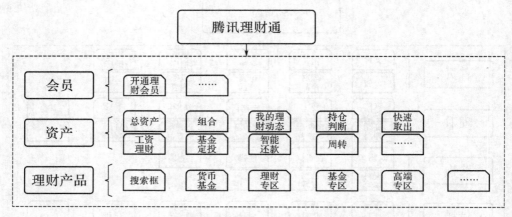

图 7.3　腾讯理财通版本 1.0.130 功能结构示意图

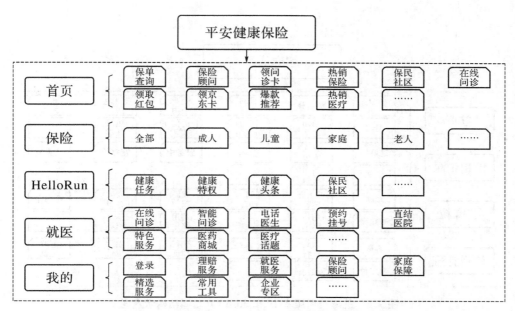

图 7.4 平安健康保险版本 3.60.0 功能结构示意图

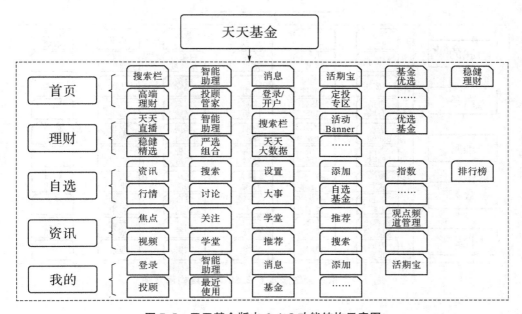

图 7.5 天天基金版本 6.4.8 功能结构示意图

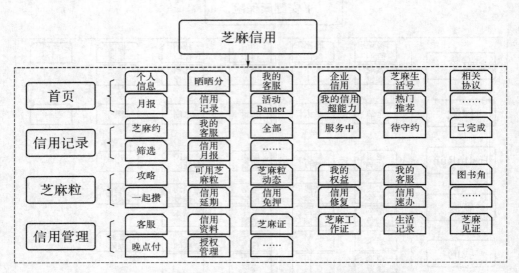

图 7.6 芝麻信用版本 10.2.36.8000 功能结构示意图

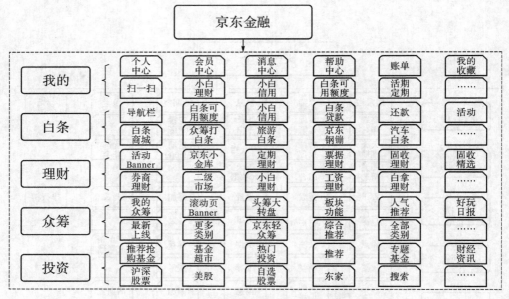

图 7.7 京东金融版本 6.2.50 功能结构示意图

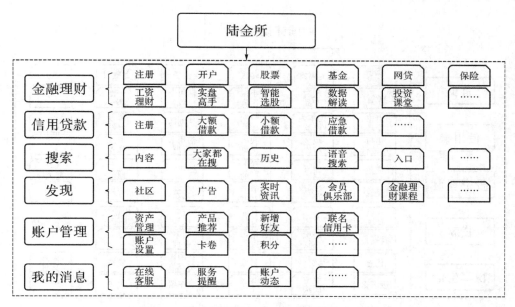

图 7.8 陆金所版本 8.5.0.1 功能结构示意图

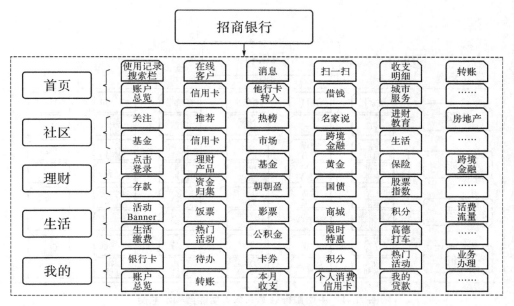

图 7.9 招商银行版本 9.5.0 功能结构示意图

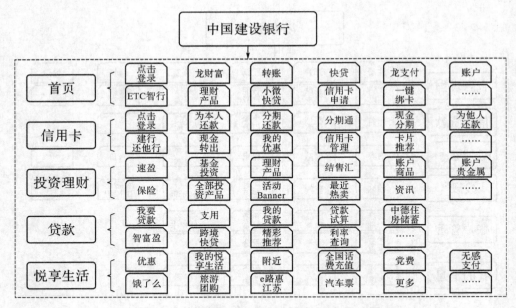

图 7.10 中国建设银行版本 4.2.3 功能结构示意图

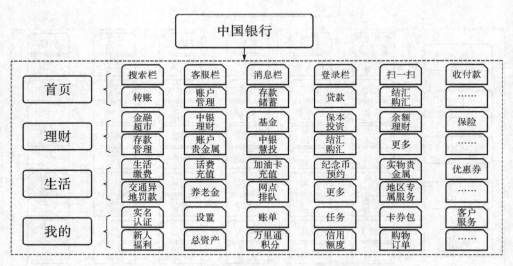

图 7.11 中国银行版本 6.2.1 功能结构示意图

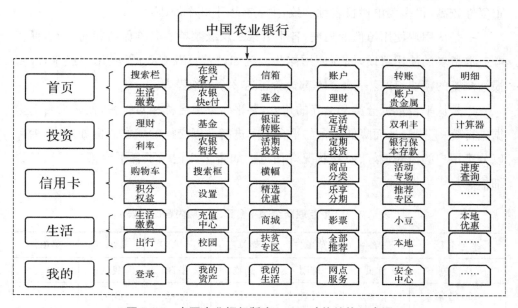

图 7.12　中国农业银行版本 4.1.0 功能结构示意图

7.2.2　第一层级比较

对比第一层级菜单名称，除了陆金所这一混合型业务平台以外，其他 11 家平台的名称均与主要业务相关，如壹钱包的"钱包"与其支付业务相关，360 借条的"借"与其贷款业务相关，有利于让消费者直观地了解该平台的服务特色和侧重点。

从版本更新来看，根据苹果应用商店 2020 年下半年至 2021 年上半年一年的数据，12 家平台版本更新次数从高到低依次为：陆金所 50+次、平安健康保险 31 次、360 借条 30 次、京东金融 22 次、中国建设银行 18 次、中国银行 15 次、壹钱包 13 次、芝麻信用 13 次、招商银行 12 次、天天基金 11 次、中国农业银行 8 次、腾讯理财通 1 次。除天天基金、中国农业银行和腾讯理财通以外，其余 9 家平台 App 均有着每月至少 1 次的更新频率。高频次的更新既利于提高用户使用体验，同时也反映了平台对数据治理的重视程度。

7.2.3　第二层级比较

第二层级菜单分为 3～6 项，主要有"首页""理财""生活""我的"等。第二层级

重复性较高,很多菜单栏目名称一致,主要有以下2个原因:

一是从用户使用习惯的角度,各平台第二层级菜单栏名称保持相对一致,便于顺应消费者的使用习惯,提高使用体验。例如,"首页"和"我的"是用户经常性、习惯性浏览的模块,12家平台基本都设置了这2个二级菜单。

二是从平台数据分类和交互的角度,各平台菜单名称相对统一,便于后台对数据进行统一分类,从而降低平台与平台之间进行数据交换的成本。例如,各平台可以分享用户的风险偏好、财务状况等信息。如表7.2记录了各平台第二层级的详细信息。

表7.2 12家互联网金融平台第二层级内容比较表

平台名称	菜单一	菜单二	菜单三	菜单四	菜单五	菜单六
壹钱包	首页	理财	购物	借钱	我的	
360借条	借钱	发现	生活	保障	我的	
腾讯理财通	会员	资产	理财产品			
平安健康保险	首页	保险	HelloRun	就医	我的	
天天基金	首页	理财	自选	资讯	我的	
芝麻信用	首页	信用记录	芝麻粒	信用管理		
京东金融	我的	白条	理财	众筹	投资	
陆金所	金融理财	信用贷款	搜索	发现	账户管理	我的消息
招商银行	首页	社区	理财	生活	我的	
中国建设银行	首页	信用卡	投资理财	贷款	悦享生活	
中国银行	首页	理财	生活	我的		
中国农业银行	首页	投资	信用卡	生活	我的	

7.2.4 第三层级比较

第三层级内容相较第二层级内容高度一致有所差异。各家互联网金融平台通过其个性化设计,展现出了其服务侧重点,并将优先推荐的产品放置在最显眼的位置。第三层级的差异化同时体现出各个平台数据治理之间的差异性。

以下是各平台数据治理的第三层级内容特点明细:

1. 壹钱包:精选商城(与商家合作销售商品)、生活缴费(话费、水电费充值)、优惠加油、商旅出行(机票、火车票预订)、壹直播(电商带货平台)、海购(全球海淘)、电子票券(购买优惠消费券)。

2. 360借条:热门推荐(与其他电商旗舰店合作销售商品)、游戏专区(网络游戏推荐)、出行服务(车票、酒店预订)、快递服务(顺丰同城急送)、充值服务(视频会员、外卖会员、话费充值等)。

3. 腾讯理财通:持仓诊断、快速取出、资金周转、工资理财、基金定投、智能还款。

4. 平安健康保险:领问诊卡、保民社区、健康任务(跑步、健身情况记录)、在线问诊、电话医生(可在线与医生交流病情)、预约挂号、特色服务(门诊绿通、住院绿通、专家二诊、家庭医生、家庭护理、医生上门、门诊陪诊)、医药商城(购买药品与医疗器械)。

5. 天天基金:热门关注(行情信息、分享关注)、基金爆款(推荐市场行情较好的基金)、天天直播间(基金直播)、基金推荐(稳健精选、严选组合、精选保障)、天天大数据(优基盘点、大家都在买、限额基金定投榜单)、资讯(焦点、关注、学堂、视频等)。

6. 芝麻信用:信用记录(记录客户服务中、待守约、已完成的订单)、我的信用超能力(根据客户信用提供优惠、先享、免押等服务)、热门推荐(支付宝相关活动、产品推荐)。

7. 京东金融:头筹大转盘(送头奖,直播领万元好礼)、京东轻众筹(公益募捐、个人救助爱心通道、志愿者服务等)、妈妈理财(平台内直通)、京东白条(可用于众筹、贷款、理财等)。

8. 陆金所:混合型业务平台,各类业务均有涉及,其中理财推荐占比略高,其他暂无突出特点。

9. 招商银行:生活特惠(数码电子产品、美食商户、家用商品销售)、饭票(每周三五折优惠券、品牌商户入驻、代金券等)、影票(自有购票平台)、商城(掌上商城自有产品销售,包括数码产品、家电、美妆、服饰等)、高德打车(嵌入高德打车平台,平台内直接使用)、饿了么(平台内直接使用)、吃货召集令(线上发放消费券)。

10. 中国建设银行:内含"饿了么"平台(平台直接跳转到"饿了么"界面)、政务服务·江苏（包括养老金、社保、公积金、电子社保卡等功能），惠生活（"新冠"疫情特色为湖北带货），1元购（新用户及老用户都可以通过1元购获得相应优惠）。

11. 中国银行：当地专属服务（包括与本地商户合作，发放优惠券），聪明购（平台商城，销售各类生活用品及发放优惠券），中银e商（与各家网络销售平台合作，与各大品牌合作销售）。

12. 中国农业银行：乐享生活（其中包括自有贵金属商城、与各大品牌合作销售），精选优惠（涉及出行、美食、购车、数码家电等），本地优惠（与本地企业合作，包括加油、少儿教育等行业）。

目前，以上12家互联网金融平台形成了围绕衣、食、住、行4个方面，涵盖付、贷、保、筹等9种业务，有重合但又不失特色的数据服务格局。

7.3 12家互联网金融平台的企业特征分析

本节基于企业特征的角度，从业务规模、市场份额、股权结构、营业利润和风险评级5个方面收集数据，对12家平台的数据治理情况进行了进一步的量化比较。

7.3.1 企业特征衡量标准

互联网金融平台作为互联网企业的一种组织形式，同样需要考虑企业经营特征。因此，从数据治理的角度出发，本节选定了业务规模、市场份额、股权结构、营业利润和风险评级5个维度进行分析，并制定了如下衡量标准：

业务规模：公司注册资本（单位：亿元）。

市场份额：同业务类型平台中所占市场份额（单位：%）。

股权结构：公司前三大股东持股比例之和。

营业利润：近3年平均净利润（单位：亿元）。

风险评级：风险指数。

7.3.2 平台企业特征的比较

依据收集所得数据与制定的衡量标准，各个互联网金融平台企业特征见表7.3。

表 7.3 12 家互联网金融平台企业特征比较表

平台名称	注册资本(亿元)	前三大股东持股比例之和	近 3 年平均净利润(亿元)
壹钱包	1.00	0.91	91.85
360 借条	10.00	1.00	32.04
腾讯理财通	10.00	1.00	10.67
平安健康保险	20.17	0.99	3.82
天天基金	3.38	1.00	34.80
芝麻信用	0.50	1.00	43.85
京东金融	52.53	0.53	−9.76
陆金所	8.37	1.00	103.54
招商银行	252.20	0.37	907.34
中国建设银行	2 500.11	0.39	2 661.42
中国银行	2 943.88	0.31	1 998.07
中国农业银行	3 499.83	0.42	2 106.51

注:数据来源于公司相关财报(2019—2021)、中信证券研究部、国元证券研究所。

从大股东持股比例来看,除各大银行外,其余 8 家平台前三大股东持股比例之和均超过半数,表明管理层对公司的控制力较强。从净利润来看,除京东金融净利润为负值以外,其余 11 家平台均为正。京东金融由于在金融和物流方面的较高业务投入,导致其在该统计周期内仍为亏损状态。

7.4　互联网金融平台的数据治理分析

前文基于互联网金融平台菜单层级和所属企业特征的角度展开了分析,本节将以此为基础,从平台数据治理的总体水平、数据治理 5 项环节、社会责任等 3 个角度,对 12 家平台的数据治理情况做更进一步的研究。

7.4.1　数据治理水平的衡量标准

为了确定数据治理水平的衡量标准,本节首先根据云佳祺(2017)等学者的研究,总结了互联网金融平台常见的数据运营指标,见图 7.13 所示。

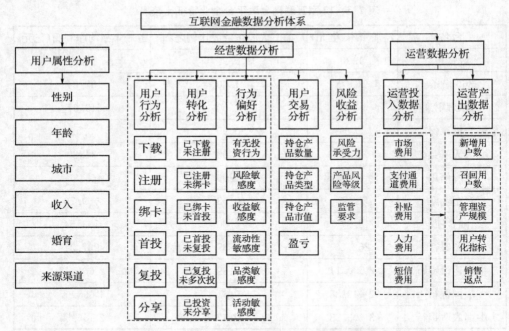

图 7.13　互联网金融平台常见的数据运营指标

根据图 7.13 中所总结的分析指标，本章归纳总结了衡量 12 家平台数据治理的总体水平和 5 项环节（采集、分类、分析、反馈、交互）的标准。

数据治理总体水平：

① "我的"模块占比、版本更新次数（直接反映平台的数据治理水平）；

② 累计注册用户数量、好评度（通过反映用户的使用体验，间接衡量平台数据治理的成效）。

数据采集/分类能力：

① 是否有用户信息管理系统（即"我的"模块）；

② 是否定期发布中报年报。

数据分析/反馈能力：

① 是否设置广告、热搜、资讯；

② 是否可以智能推荐产品；

③ 是否提供生活服务（如打车、购票等）；

④ 是否提供社交功能（如聊天、讨论区等）。

数据交互能力：

是否内嵌其他平台或小程序。

7.4.2 数据治理总体水平的比较

我们根据7.2.1节的功能剖析图,统计了12家平台的总服务模块总数和其中与数据治理有关的子模块数量。

1. 壹钱包。总服务模块数为5个,其中数据治理有关的子模块有12个:理财产品推荐、电商商品推荐、资产概况、定制理财产品、商品分类、活动专场、线上借款、实名认证、总资产、信用额度、购物订单、其他订单。

2. 360借条。总服务模块数为5个,其中与数据治理有关的子模块有14个:我要借钱、尊享贷、提额免息、品质分期、360理财、百亿补贴、手机数码、京东精选、投保、大病救助、意外保险、借还记录、我的保障、我的理财。

3. 腾讯理财通。总服务模块数为3个,其中与数据治理有关的子模块有3个:持有总资产、持仓判断、工资理财。

4. 平安健康保险。总服务模块数为5个,其中与数据治理有关的子模块有8个:保单查询、理赔服务、就医服务、保险顾问、家庭保障、企业专区、精选服务、被保人管理。

5. 天天基金。总服务模块数为5个,其中与数据治理有关的子模块有19个:活期宝、基金优选、稳健理财、高端理财、投顾管家、定投专区、组合宝、指数宝、基金学堂、排行、估值、净值、优选基金、天天大数据、稳健精选、严选组合、精选保障、自选基金、资讯。

6. 芝麻信用。总服务模块数为4个,其中与数据治理有关的子模块有14个:个人信息、信用记录、信用月报、信用延期、信用免押、信用修复、信用速办、信用资料、芝麻证、芝麻工作证、生活记录、芝麻见证、晚点付、授权管理。

7. 京东金融。总服务模块数为5个,其中与数据治理有关的子模块有17个:推荐投资产品、推荐可能感兴趣内容、发现更多内容、白条商城、众筹打白条、白条热销榜、每日精选、京东小金库、慧投理财、智投、滚动页、人气推荐、好玩日报、最新上线、综合推荐、热门投资、财经资讯。

8. 陆金所。总服务模块总数为6个,其中与数据治理有关的子模块有5个:智能选股、数据解读、大家都在搜、产品推荐、实时资讯。

9. 招商银行。总服务模块数为5个,其中与数据治理有关的子模块有18个:使用记录、借钱、高德打车、理财产品、闪电贷、为您推荐、精选榜单、资金归集、朝朝盈、国债、股票指数、稳健投资、优选基金、理财服务、理财干货、本月收支、个人消费信用卡、我的贷款。

10. 中国建设银行。总服务模块数为5个,其中与数据治理有关的子模块有9个:分期还款、分期通、现金分期、为他人还款、智富盈、跨境快贷、饿了么、旅游团购、e路惠江苏。

11. 中国银行。总服务模块数为4个,其中与数据治理有关的子模块有13个:生活缴费、金融超市、中银理财、基金、保本投资、余额理财、加油卡充值、纪念币预约、实物贵金属、交通异地罚款、养老金、中银e商、聚"惠"生活。

12. 中国农业银行。总服务模块数为5个,其中与数据治理有关的子模块有14个:农银快e付、账户贵金属、结售汇、保险、银证转账、大额存单、定活互转、农银智投、积分权益、乐享分期、影票、小豆、本地优惠、出行。

各平台数据治理相关子模块数量差距不大,因此本章额外统计了"我的"模块占比、版本更新次数、累计用户注册数量以及各平台好评度。平台版本更新次数详情可见7.2.2节。累计注册用户数量根据2021年各平台中报和Trustdata数据库的报告得出,好评度则根据苹果、华为和小米3家应用商城的好评度和下载量加权得出。累计用户注册数量、好评度和数据治理模块占比为截至2021年上半年的累计数据,版本更新次数为2020年下半年至2021年上半年的1年数据。各平台总体治理水平见表7.4。

表7.4 12家互联网金融平台数据治理总体水平比较表

平台名称	累计注册用户数量(亿)	好评度(%)	版本更新(次)
壹钱包	2.80	90.8	13
360借条	1.63	93.0	30
腾讯理财通	2+	65.2	1
平安健康保险	4+	77.2	31
天天基金	1+	85.6	11
芝麻信用	3+	78.1	13

续表

平台名称	累计注册用户数量(亿)	好评度(%)	版本更新(次)
京东金融	4.20	87.5	22
陆金所	0.46	85.2	50+
招商银行	1.45	93.8	12
中国建设银行	4.17	66.0	18
中国银行	2.35	66.0	15
中国农业银行	4+	76.0	8

注:数据来源于各平台 2021 年中报,Trustdata 数据库,苹果、华为、小米应用商城。

从前 2 列数据来看,壹钱包、360 借条和招商银行的用户好感度较高,而中国建设银行、中国银行的用户好感度尚有较大提升空间。从后 2 列数据来看,360 借条、平安健康保险和陆金所在数据治理方面做得最好,而腾讯理财通提升空间最大。因此,平台在进行数据治理时,不单要从平台端考虑,如增加服务模块、更新版本、修复 Bug 等,还应从用户端出发,充分考虑到用户的使用体验,如优化 UI 设计、提高页面加载速率等。

7.4.3 数据治理 5 项环节的比较

根据 7.2.1 节的功能剖析图,表 7.5 中画"√"表示"是",空白则表示"否",比较结果见表 7.5。

表 7.5 12 家互联网金融平台数据治理 5 项环节比较表

平台名称	用户信息	定期报告	广告热搜	智能推荐	生活服务	社交功能	内嵌平台
壹钱包	√	√	√	√	√		√
360 借条	√	√	√	√			√
腾讯理财通	√	√	√	√			
平安健康保险	√	√	√	√		√	√
天天基金	√	√	√	√			

续表

平台名称	用户信息	定期报告	广告热搜	智能推荐	生活服务	社交功能	内嵌平台
芝麻信用	√	√	√	√	√		
京东金融	√	√	√	√		√	√
陆金所	√	√	√	√		√	
招商银行	√	√	√	√	√		√
中国建设银行	√	√	√	√	√		√
中国银行	√	√	√	√	√		√
中国农业银行	√	√	√	√	√	√	√

从表7.5可以看出，12家互联网金融平台均已完全覆盖用户信息、定期报告、广告热搜和智能推荐4项数据治理流程，但在生活服务、社交功能和内嵌平台3项上，部分平台仍有缺失。其中，平安健康保险、京东金融和4家银行的数据治理流程最为完备，而腾讯理财通则缺失最多。总体而言，12家平台的数据采集和分类能力较强，而数据分析、反馈和交互能力仍有待加强。互联网使得金融、社交、生活的边界日益模糊。因此，互联网金融平台不仅需要进行用户数据的采集分类，还需要实时进行数据分析、反馈和比较，统筹考虑开发端和用户端的实际需求，才能在激烈的竞争环境下立于不败之地。

7.4.4 互联网金融平台的社会责任分析

在双循环战略的大背景下，数据治理是新发展格局下科技驱动链中的重要一环。本小节将结合双循环战略，深入分析12家平台数据治理的情况。

数据治理是互联网金融平台响应战略、优化自身的重要措施。双循环战略的具体要求是和互联网金融平台的各项社会责任一一对应的，振兴实体经济、拓展数字经济的目标需要互联网金融平台承担相应经济责任，推进环保、扶贫工作和树立绿色发展理念需要互联网金融平台承担相应社会责任，加大科技创新需要互联网金融平台承担相应创新责任。

与此同时，数据治理作为联系两者的桥梁，既能响应和服务国家战略发展的具体要求，又能强化平台的责任意识和提升业务能力。因此，在这样的逻辑背景下研究互联网金融平台数据治理模式时,双循环战略中的具体要求是指标体系中必须考虑的要素。然而,除了知识产权便于以具体数值来呈现以外,平台对应承担的经济责任、社会责任难以进行量化操作,各平台不会披露详细的经济贡献和社会回馈内容。基于现状,本节制定了如下衡量标准:

平台经济责任意识:2019—2021年各平台在中报和年报中提及"实体经济""数字经济"或其他相关概念的次数。(单位:次)

平台社会责任意识:2019—2021年各平台在中报和年报中提及"低碳环保""扶贫工作""绿色理念"或其他相关概念的次数。(单位:次)

平台创新责任意识:各平台知识产权数量,包括商标信息、发明专利、软件著作权和作品著作权。(单位:个)

依托于上述衡量标准,本节对各互联网金融平台的战略格局进行了比较,比较结果见表7.6。

表7.6　12家互联网金融平台战略格局比较表　　　　　　　　单位:次

平台名称	实体经济	数字经济	低碳环保	扶贫工作	绿色理念
壹钱包	39	1	26	99	50
360借条	4	10	8	6	0
腾讯理财通	0	26	14	19	13
平安健康保险	39	1	26	99	50
天天基金	4	6	4	76	0
芝麻信用	31	18	32	27	1
京东金融	49	21	6	51	1
陆金所	7	81	15	33	7
招商银行	18	94	14	88	49
中国建设银行	46	4	4	17	0
中国银行	58	2	0	6	0
中国农业银行	47	6	0	10	2

注:数据来源于各平台及集团财报。

根据表7.6可得,360借条和天天基金对双循环新发展格局的响应尚待进一步强化,其他平台各项社会责任意识较强。同时,各平台之间的侧重点有所不同,京东金融、中国建设银行、中国银行和中国农业银行对于实体经济的关注度较高；招商银行和陆金所对于数字经济相关的领域更为关注。在低碳环保方面，芝麻信用尤为突出，这与其旗下业务紧密相关。此外，壹钱包、平安健康保险与招商银行对于扶贫工作与绿色理念较为重视。

7.5 互联网金融平台数据治理评价指标体系构建

本小节基于前人构建的一级指标体系，结合互联网金融平台数据治理的实际情况，建立了互联网金融平台数据治理指标体系，见表7.7。该指标体系能够从多角度翔实刻画互联网金融平台数据治理状况，并反映平台运营状况。

表7.7 互联网金融平台数据治理指标体系表

一级指标	二级指标	指标量化实例
企业特征维度（杨贵宾 等，2004；魏明 等，2005）	业务规模	注册资本
	股权结构	公司前三大股东持股比例之和
	营业利润	近3年平均净利润
数据治理维度（王刚 等，2016；赵豫生 等，2020；刘桂锋 等，2021）	数据采集	"我的"模块的模块数量
	数据分析	累计注册用户数量
	数据反馈	好评度
	数据交互	版本更新次数
社会责任维度（孟斌 等，2020；余方平 等，2020；辛杰 等，2022）	经济责任	报告中提及实体经济、数字经济的次数
	可持续发展责任	报告中提及低碳、环保、扶贫等词的次数
	创新责任	知识产权数量

7.6 互联网数据治理平台搭建方案

本节内容基于前文对互联网金融平台数据治理剖析后得到的信息进行了最终总结，结合现实分析了互联网金融平台在搭建过程中所遇到的痛点与难点，并给出了对应的搭建方案。

（一）搭建标准化的数据治理平台

部分金融平台在数据要素管理、流程和权责划分、数据质量的全周期管理等方面缺乏统一的治理标准；在数据接入整合上，缺乏统一的数据定义、要素映射、信息提取等数据标准。这些标准和规则的差异造成数据确权难、协同发展成本高。因此，在今后搭建数据治理平台时，应当确立完备的治理标准，构建利于协同发展的数据治理平台。

（二）搭建符合监管的数据治理平台

目前，针对不同业务类型的平台，有关部门鼓励差异化、引导专业化的政策不足，因而难以培育行业龙头。同时，对"数据霸权""数据垄断"等行为缺少必要的法律制裁措施。

健全的数据治理监管机制是全面开展数据治理工作的重要基础。因此，今后构建数据治理平台时亟须企业与政府紧密合作，挑选专业的业务和技术人员组成数据监管组织，负责全面落实数据治理工作，同时建立决策、沟通、监控、考核的机制，有效地解决互联网金融平台数据责、权、利的问题，搭建符合监管要求的数据治理平台。

（三）搭建具备高度社会责任的数据治理平台

平台和用户是共同的数据生产者，平台独享数据与其所带来的收益，而用户却只有平台的使用权，由此会对规范数据资产使用范围、保障用户个人权益以及挖掘金融数据价值等造成障碍。部分平台在获取利益的同时，未能充分认识到企业的社会属性，导致数据资产对于其他行业发展的积极推动作用有限，尤其是对于社会整体的低碳环保、绿色发展、扶贫脱贫等工作的贡献相对有限。因此，在今后搭建数据治理平台时，应当将平台利益与社会利益紧密结合，促使平台主动推进社会发展，搭建具备高度社会责任的数据治理平台。

（四）搭建抗强风险能力的数据治理平台

现阶段，国内互联网金融平台所涉及的业务类型较为复杂，风险往往具有形式多样、变化较多、传染性强的特征，如果只重视业务，不重视基于数据治理的风险管控，很容易在流动性、杠杆率、周转性等资金维度和数据安全性、网络安全性等多个方面出现漏洞。传统的风控方法较多依靠风控人员的经验，在实践中内部控制手段往往呈现出单一、滞后的特点;面临着大数据技术和竞争环境的变化,风控部门对相关业务指标设计不能与时俱进,缺乏系统性的评价标准,在风险预警来临时的紧急备案不够充分。因此,在今后搭建数据治理平台时,应由企业发挥其主观能动性,制定翔实的、符合其特殊性的风险防范预案,完善风险监察制度,搭建具备抗强风险能力的数据治理平台。

参考文献

刘桂锋,聂云贝,刘琼,2021. 数据质量评价对象、体系、方法与技术研究进展[J]. 情报科学,39(11):13-20.

孟斌,李菲,杨月,2020. 基于循环修正的交通运输行业企业社会责任评价研究[J]. 科研管理,41(10):174-184.

王刚,汪杨,王珏,等,2016. 基于证据分组合成的企业数据治理评价研究[J]. 系统工程理论与实践,36(6):1505-1516.

魏明,杨淑娥,楼旭明,2005. 电信企业的多维绩效评价体系构建[J]. 统计与决策(21):36-37.

辛杰,卞江,2022. 共生视阈下平台企业社会责任评价体系构建[J]. 经济管理,44(6):97-114.

杨贵宾,荣艺华,2004. 上市公司绩效多角度评价体系研究[J]. 经济管理,26(10):84-89.

余方平,刘龙方,孟斌,等,2020. 基于集对分析的交通运输行业企业社会责任组合评价研究[J]. 管理评论,32(1):219-234.

云佳祺,2017. 互联网金融风险管理研究[D]. 北京:中国社会科学院研究生院.

赵豫生,林少敏,郑少翀,2020. 大数据治理机构职能及其评价指标体系构建研究[J]. 中国行政管理(7):70-77.

第八章 互联网金融平台风险治理的对策建议

金融科技时代的思维和技术创新了互联网金融平台的组织和业务模式,大数据与人工智能的应用使得数据成为平台的核心资产;同时,风险治理也面临着新的问题和挑战。本章从探讨构建互联网金融平台风险治理体系入手,提出了"自控、自律、监管、监督"等相关治理举措的思路和框架,并在此基础上着重分析和探索了互联网金融平台风险的组织治理、业务治理和数据治理方案。

8.1 互联网金融平台风险治理体系

互联网金融高速发展中的种种乱象表明,针对其的风险治理体系需要不断优化和完善,仅仅是"点对点"或"点对面"的监管是远远不够的。平台、行业、政府和社会既是互联网金融生态的主要参与各方,也是风险治理的主要"负责人"。因此,本章从这一视角入手,提出构建一个以法律法规为保障,以科技手段为支撑,以互联网金融的平台、业务和数据为治理重点,集"平台自控、行业自律、政府监管、社会监督"为一体的风险治理体系。

(一)制定平台自控标准

互联网金融平台担负着至关重要的风险管控职责,平台自控是开展互联网金融监管的首要前提。一般来说,互联网金融平台的借款人信用风险较高,在传统金融体系中很难获得融资,互联网金融平台需要对此类借款人风险进行严格把关,并对其资金使用进行严格监督,防止资金滥用。一是建立风险自审机制。需对本平台的业务自行开展风险评估和审计。可开发风险自审系统,为风险自审提供技术支持;综合考量各项资源,为风险自审提供信息保障;充分运用风险自审结果,为科学调配风控资源提供决策辅助。二是建立风险预防机制。坚持风险早知道、早应对、早处置,牢牢守住不发生系统性风险的底线,自主建立健全金融风险监测预警机制和预警指标体系。三是建立风险转化机制。对于在互联网金融平台内部无法有效管控的系统风险,可以通过机制设计,与互联网金融平台外的其他机构对冲或分担风险。四是建立风险培训机制。一方面,在互联网金融平台内部开展广泛的风险自控培训,增强全员风险防范意识;另一方面,组织特定人员开展专业化风险自控技术的培训,进一步提高技术人才的技能水平和职业素质。

(二)规范行业自律模式

行业自律管理是互联网金融监管的主要力量。中国互联网金融协会(NIFA)是介于政府监管层和各互联网金融平台之间的社团组织,必须依法行使各项权利,切实履行互联网金融行业依法自律的责任。一是强化协会自身建设。协会章程、组织结构、行业标准不断优化和完善,严格按照章程规定履行行业保护、协调和监管职能。加强与各学术机构的合作,引进更多的专业人才及研究成果,使公司在制定章程、行业规范时能更有效、更具前瞻性,并能适应不断变化的业务模式。二是加强对协会成员的约束。督促各平台切实保障金融消费者的基本权益,包括互联网金融消费者的隐私权、安全保障权、风险知情权、自主选择权、公平交易权、监督权、受尊重权及损害求偿权等。三是加强与监管机构的协作。加强信息交流,每年需要定期的监管和动态监管,对行业内的公司财务状况、业务开展情况、是否违法违规情况进行监测,帮助监管部门进行监管。四是加强对社会公众的宣传教育。面向全社会开展互联网金融知识的教育普及,保障消费者的"受教育权",真正消除消费者和互联网金融平台之间在金融知识方面存在的"不对称性"。

(三)加强政府监管网络

法律法规是开展互联网金融监管的基本依据。在全面依法治国大背景下,进一步加强互联网金融监管法治建设,打造监管"政策工具箱"尤为重要。一是要提升法律法规的针对性。目前,我国已经出台了一些规范互联网金融发展的行政法规、部门规章和相关政策性文件。由于我国目前还没有专门的互联网金融法规,互联网金融监管缺乏清晰的法律基础,因此,有必要对互联网金融进行专门立法,从法律层面对互联网金融行业的准入、管理、退出、监管等问题作出清晰界定。同时,适时修订现行相关法律,将互联网金融纳入现有法律法规之中,进一步明确监管主体及其权限。二是要保持法律法规的一致性。在制定和修订相关法律法规和规章制度时，应当充分考虑法律、政策间的衔接，坚持以专门的互联网金融法律作为基本遵循，由相关地方法规、部门规章进行具体细化，保持法律法规的系统性、完备性和连续性。三是要增强法律法规的可操作性。在制定法律法规时，要改变"宜粗不宜细"的传统原则，尽量减少使用弹性较大、意义不明确的条款，尽量使用含义精准、界定清晰的表述，同时，及时出台相关法律法规的司法解释，使互联网金融监管的相关法律法规具备高度的明确性、科学性和可操作性。

政府行政监管是互联网金融监管的核心力量。随着国家监管机构不断加强对互联网金融的打击，我国互联网金融的系统性风险已经得到了有效遏制，由最初的野蛮成长为规范地发展，逐步趋于成熟和合理。为应对互联网金融行业快速发展的形势，需要进一步强化政府监管。一是明确监管主体及其职权。互联网金融涉及多个监管主体，需要按照"审慎监管"的原则，进一步明确各监管主体之间的权责分工，完善跨部门、跨区域的协调监管机制，形成"一方主管、多方参与、各司其职、共同负责"的新型监管方式。二是创新政府监管指标体系。可借鉴对银行业、证券业、保险业监管的经验做法，将互联网金融的监管指标体系划分为市场准入监管指标、业务运营监管指标、风险动态监测指标3个方面。三是动态监管经营活动各环节。从互联网金融行业准入开始可以进行分类规制，对风险高发的经营行为和经营环节进行严格限制，当触发监管指标预警时立即发出警告，限期进行整改以保持正常经营。四是加大执法处罚力度。对于出现重大风险或造成严重后果的互联网金融平台，依法依规作出处罚，切实维护法律严肃性和行业纯洁性。五是健全风险补偿机制。参考证券投资者保护基金或存款保险制度，由政府主导构建互联网金融风险应对与补偿机制，在风险出现后快速作出反应，将损失控制在最小范围。

现代科技是开展互联网金融监管的支撑手段。互联网金融是一种以多种现代金融技术为基础的新型金融产品，而对其进行监督的同时，也必须对其进行技术改造。一是运用科技工具进行"穿透式"监管。在保障互联网金融消费者知情权的基础上，采用信息收集、整理分析等技术手段和工具，以向上（股东和投资者）、向下（产品）穿透的方式，加强互联网金融平台资金账户及跨行清算的集中管理和全面监测，实现跨产品、跨市场、跨机构协调的监管。二是运用科技工具快速识别并预警风险。监管技术的核心是确保交易信息的实时性和可溯性，可在银联、网联及信联的基础上搭建国家层面的互联网金融交易信息平台，采用汇集可溯性和实时性的交易信息,通过网上搜索、网站对接、数据分析等信息技术,完成对互联网金融平台和交易的实时监测,获取互联网金融总体情况,收集和报送相关舆情信息,及时向有关单位预警可能出现的异常事件,有效识别和控制潜在的风险,保持风险敞口处于可控状态,维持互联网金融业务平稳、有效和可持续发展。

(四)拓展社会监督渠道

对于互联网金融风险的管控,还需要发挥社会监督的积极作用,社会公共监督是互联网金融监管的重要补充,应当充分动员最广泛的社会力量,强化对互联网金融的社会监督。互联网金融社会公共监督主要依赖媒体舆论、中介组织、社会人员3种力量。一是强化媒体和舆论监督。这类监督虽不具备法律法规或行政监管的强制力,但因其传播速度快、范围广而具有巨大影响力。可以通过各种传播媒介的力量,向社会发表相关新闻,传导符合监管意图的议论、意见及看法,对互联网金融平台运行中的偏差行为进行监督、矫正和制约。二是强化社会中介组织监督。这类组织主要包括与互联网金融相关的研究机构、评级机构及其他中介机构等。可以依托相关中介组织对互联网金融平台及其产品作出专业、中立和客观的评价,以此强化对互联网金融活动的监督。三是强化社会专业人员监管。这类社会力量的优势在于可以直接介入互联网金融企业内部进行"靶向监督"。可以培养更多互联网金融督察员或审查员,深入互联网金融平台内部进行实地调查取证,精准发现风险点。

8.2 互联网金融平台风险的组织治理

本节聚焦互联网金融平台组织治理问题,在贯彻落实统筹发展和安全的国家发展新纲要精神的大背景下,紧密结合互联网金融平台治理的现实挑战,深入分析了当前平台组织治理的各关键要素,提出了互联网金融平台风险组织治理的思路和建议。

(一)集聚平台发展动力,构建组织架构保障

新冠疫情使得在线平台类企业获得了快速发展,一定程度上弥补了经济低迷时期的"线下"损失,赋能新的经济增长,而人工智能、边缘计算等新型技术的发展创新也为各类平台高效率、高质量的平台组织架构提供了坚实基础,强化互联网金

融平台组织架构应从制度、市场、技术和内控等方面着手。一是系统分析互联网金融平台发展的比较优势，以基础市场和核心业务为依托，向金融服务相关联的生态拓展。二是科学设计平台运行规则，开发互联网金融的应用产品和服务，构建技术支持系统，为形成全方位社会化的金融服务提供充足的技术准备。三是建立适度宽松的监管体系，允许互联网金融平台在一定的限制下拥有创新的空间和动力，保持互联网金融发展的活力。

（二）明确平台发展目标，制定组织结构规范

互联网金融平台的发展现阶段以"各自为战"为主，在经营策略、制度安排、风险管理、业务流程等方面缺乏统一明确的目标和规则，亟须新的组织结构形式，为平台成长指引方向。一是行业通过联合治理充分发挥不同类型平台特色、培育出行业龙头，形成相互促进的竞争环境和服务实体经济的多层体系，明确平台治理目标。二是金融市场的各领域和行业应摒弃碎片化的存在形式，推进相关领域的规模效应，加强对组织结构的认知和认识，强化互联网金融平台的内部管理。三是提升互联网金融平台的数据利用效率，细化互联网金融平台各层级间的数据分类，避免出现"信息孤岛"，以专业化的治理流程和全责划分来优化组织结构。四是以大数据为核心的治理模式，对互联网金融平台的技术、产业、安全、法律等提供了新的机遇和模式，全方位地构建各层组织结构的规范性。

（三）强化平台信息披露，明晰平台组织责任边界

互联网金融提供了一个零成本交易的信息平台，目的是提高交易行为的效率，但现实情况与预期目的严重相悖，互联网金融平台在实现"金融脱媒"的同时应担负起降低市场上信息不对称程度的责任。一是发挥互联网金融平台信息收集、整理和发布的能力，严防道德风险、欺诈风险、信用卡诈骗、赌博等违法犯罪活动的发生，促进互联网金融平台的健康发展。二是避免互联网金融平台上出现实际远距离的资金融通，防止在多节点和高密度的互联网金融平台网络掩护下进行信息不对称的交易。三是在大数据的基础上提高支付结算领域中的信息对称性，减少机构信贷风险和个体信用风险。四是加强信息披露流程中对互联网金融平台"匿名化""非接触"等特点的监督，强化内部监督对互联网金融平台内在缺陷的制约。

（四）监控平台"权力"运用，监管平台组织行为

互联网金融平台作为互联网金融领域的建设者和一种重要的金融系统，在充分发挥金融市场功能的同时，拥有合理的平台治理权，权力中不仅包含自身建设权，还有被行业和国家赋予的执行权，具有明显的"公私混合"特征，现有行政规范并未对互联网金融平台权力行使做出详细的规定，需要配有相应的制度约束，受到严格的金融监管。一是限制互联网金融数量的爆发式增长，增加审批程序，及时有效地对各方面进行监管，避免互联网金融出现巧用公权谋取私利的倾向。二是规范互联网金融类型，统一产品标准，保护客户权益，维护国家经济秩序，避免出现不合理的市场竞争。三是完善相关监管法规，针对"监管空地"和"监管重叠"进行排查，及时调整和更新相关行政条例。四是推进将互联网金融平台的监管落实到法律层面，将互联网金融平台纳入金融市场的基础结构监控系统，做到微观合规监管和宏观审慎监管并行。

（五）发挥平台比较优势，健全行业协调组织机制

相较于已经崛起的互联网金融平台，新兴的互联网金融平台应充分利用创新驱动规律，把握业务风险构成和表现特征。一是及时了解金融市场的供需关系，积极引导互联网金融平台进入关联产业，形成有效的资源配置。二是建立公共信息共享平台，为业态发展、技术创新和风险管理提供大数据支撑。三是通过构建一套完善的风险控制体系，银行间的风险控制与经营活动同时进行，形成具有鲜明的特点和影响。四是调整互联网金融平台交易机制和安全保障体系，创新服务组织管理与协调，保障互联网金融平台组织架构的活力。

互联网金融平台的成长主要来源于监管制度的调整、市场供求的变化、信息技术的进步和环境的进化，应深刻认识和利用其创新驱动和生长规律。一是推动互联网金融平台监管部门主动进行制度创新，在金融政策和风险规范方面重点进行针对性完善，为网络金融健康发展创造宽松的制度空间。二是密切关注金融资金供需动态，适时将其引入相关行业。三是建设具有全国性的公共信贷数据智能化管理系统，为金融产品开发、业态扩展、生态创新和风险管理提供基础性的国家基础平台支撑。四是要对平台的数据层次进行动态优化，对定价机制、安全保障机制等进行规范，建立健全的平台组织和协调机制，为平台生态系统的发展提供强有力的组织架构保障。

8.3 互联网金融平台风险的业务治理

随着金融科技的发展,金融业务的平台化已成为必然趋势。当前的互联网金融平台既包括新兴的互联网金融平台,也包含传统金融机构业务的平台化,在带来金融业态创新的同时,也引起了诸多风险问题。因此,需要深入探究互联网金融平台风险的业务治理模式和标准,使其符合国家发展纲要的内在要求。本节聚焦互联网金融平台风险的业务治理问题,提出相应的对策建议,提供治理的初步思路,保障互联网金融平台业务的健康发展;同时,也希望能够为其他产业的业务风险治理提供参考和借鉴,形成政策示范效应。

（一）加强平台业务导向,发挥人才溢出效应

互联网金融平台拥有丰富的互联网数据资源,但行业整体成功的运营经验不足,导致数据汇聚困难,业务协调较差,难以适应创新发展的需要,多业务的互联网金融平台应大力推进协同作业。一是培养业务人才,提升人才在平台中的流动性,通过人才的流动实现业务管理的联动性,形成业务成果的"示范效应"和"溢出效应"。二是平台业务绩效应分散至多个部门,推动多部门协作,实现业务水平的正向溢出,以达成业务上的整体提升。三是整合平台的业务部门形成一个完整的产业链,提高整个互联网金融平台的核心竞争力,同时整合平台的数据资源,发挥大数据在平台运行中的优势。

（二）规范平台业务发展,统筹行业业务创新

互联网金融平台经历无序发展,业务同质化问题较为突出,目前的系统、业务发展模式还不清晰,努力形成优势互补、协调发展的良好机制,提升各大数据平台的对接水平,在业务发展方面需要政府的引导。一是健全监管制度,提升监管技术,统一业务规范,如统一的金融类"元"数据规范,以及统一的数据要素映射、提取标准以及面向应用场景制定的标准。二是破除"合作垄断"对互联网金融平台健康发展的影响,增强平台业务中观和宏观层面的统筹协同,规范金融行为主体的运营。三是提升监管技术,针对交易复杂、边界模糊的互联网金融平台使用大数据、物联网、区块链、云平台等新技术进行监管,适应新场景的出现。

(三)加强业务"数字化"治理,提升数字赋能效果

当前互联网金融平台的数据治理赋能业务还普遍集中在通过数据化"降本增效"提升平台竞争力,对于搭建业务管理功能平台,构建赋能平台的战略决策、管理优化和业务创新的管理体系的实践较少,在破除数据鸿沟、数据获取壁垒、信息反馈不成体系等问题上需要进一步提升。一是在需求调研的基础上构建包括业务管理、业务分析模型管理、数据安全管理、数据仓库管理等业务服务功能体系。二是重视基于数据的生命周期优化数据资产、投资数据资源,利用技术手段创新识别和预测业务问题和短板,动态调整与优化平台的战略目标。三是稳步拓展业务,降低杠杆率,提升匹配率,防范系统性金融风险。四是将数据管理作为推动业务发展的核心资源,而非业务运作中的副产品,通过理顺数据资产、提升数据品质、挖掘数据的价值,构建以数据驱动的互联网金融平台业务新的发展模式,实现数据对互联网金融平台业务的赋能。

(四)强化平台业务监管,保障业务信息安全

数据是信息的表达,在当今大数据信息化时代,世界治理方式因此正发生革命性变化,互联网金融平台普遍存在着数据获取途径、业务隐私保护、平台价值生成和金融场景应用等方面的系列问题,亟须尽快推动和提升互联网金融平台监督管理水平。一是通过大数据平台,实现对交易主体的信用等交易安全信息的实时核查,以保证交易资源和交易行为的真实性。二是推进数据交易市场的建设,促进数据互联、交易、权利等方面的立法。三是优化数据管理基础架构,推动跨区域、跨部门、跨层级的业务协作,强化个人隐私保护,保障数据的安全和共享。

互联网金融平台的发展实质上是在大数据背景下,金融业的跨越式、混合业务的变革。为此,必须突破目前"一行三会"的分业监管格局。一是构建跨部门、立体式的互联网金融平台发展监督体系,构建以双重来源的风险控制与全过程监控为核心的网络金融发展的监督与协调体系。二是适应新的监督体制,对现行的监督体制进行重新定位,对企业的经营流程进行改进,对信息化进行改进。三是要持续加强互联网金融平台公司的风险管理,采取以大数据为基础的全过程跟踪与预警的方式进行风险管控。

8.4 互联网金融平台风险的数据治理

大数据时代,数据已成为贯彻组织和业务的核心资源,互联网金融平台的数据治理是风险治理的核心问题。基于此,本节提出当前需要从政策层面出发,贯彻国家要求,制定相关规则,解决互联网金融平台数据治理的核心问题,汇聚数据资源助力绿色低碳战略,推动信息共享,加强数据资产的互联互通,推动和构建可持续发展的互联网金融平台内外部环境。

(一)贯彻落实国家数据治理要求,制定数据治理规则

在总体国家安全观框架下认真贯彻数据治理的国家要求,以数据安全保障为核心,制定涵盖合规、业务、技术、产品等子目标的数据治理规则体系,形成互联网金融平台数据治理的江苏标准。一是区分数据治理的功能属性,围绕互联网金融平台的法律规范、合规指导、行业标准等规章制度制定日常管理、应急管理、安全管理、监测预警、评价反馈等规则。二是按照政策要求,制定互联网金融平台同监管部门与安全机关保持密切信息数据交互的模式和规则。三是建立统一的规章制度,厘清数据资产在平台内部的分布和存储情况,掌握授权访问、读取账号状况,建立追踪和溯源制度,明确安全责任。四是要创新监督考核方式,运用先进的技术对监督进行考核,使监督考核更加公平公正。

(二)法定金融平台数据权属,形成数据治理标准

互联网金融平台的数据主要来源于各项业务,平台和用户是共同的数据生产者,而数据的实际拥有者是平台。当前平台的数据确权面临着困境,政府要厘清互联网金融平台数据权属,规范数据资产的使用范围,保障用户的个人权益,形成数据治理的江苏标准。一是认可互联网金融平台在提炼数据资产工作中的贡献,确定数据资产制造者使用数据的权利。二是打破算法"黑箱",打击"算法合谋"和"算法歧视",提倡"中性算法",保障产品和服务的价格不受到算法的操纵,保障消费者的利益。三是明确数据资产的公共利益属性,有数据分享的义务,打击"数据垄断"和"数据霸权",保障行业的健康发展。四是要建立信息收集的法律体系,明确信息储存主体的权利、义务、责任等。

(三)服务绿色低碳国家战略,树立金融平台的 ESG 理念①

互联网金融平台的金融服务能有效助力绿色低碳发展,同时互联网金融平台的数据资产中积累了大量的"绿色"数据,政府应汇聚这些数据资源,和各行各业大数据的匹配和分析能够有效地服务于江苏省"碳达峰"和"碳中和"目标的实现。一是督促金融机构开展负责任投资,树立互联网金融平台的 ESG 理念,加强互联网金融平台绿色金融业务布局,增加业务强度,帮助经济社会实现绿色低碳转型。二是建立官方的"绿色"资源数据库,要求互联网金融平台报送"绿色"数据,通过同其他行业的相关数据进行匹配汇总,为绿色低碳分析和决策提供数据资源。三是要加强对碳金融的创新,以扶持其发展。四是金融部门加强政策的实施,推动绿色金融政策理论与实践相结合,并在实践中摸索前进。五是金融监管部门要构建绿色金融试点运行的配套保障机制。

(四)统筹数据治理组织机构,构建新型数据治理体系

《中华人民共和国数据安全法》的颁布为数据治理提出了新的要求,政府应结合互联网金融平台"互联网+"特征,在已有大数据管理中心政策指引、社会服务、基础设施建设的基础上扩展管理权限,授权更多相关机构参与构建新型数据治理体系。一是单列数据治理事务,统筹数据治理的发展与安全,设立牵头的部门,统一协调数据治理的管理与指导。二是从监管顶层设计出发,整合金融、互联网、信息、大数据等对应监管部门职能,拓展优化各部门数据治理管理职责,在兼顾产业发展的基础上强调安全与监管职能,完善全省数据治理的指导和监管。三是加强对数据管理应用的关注,把重点放在数据开放和共享上。

(五)建立数据资产评估体系,增强金融平台数据价值

从市场交易现状来看,金融属性的高价值密度数据资产交易较为困难,数据资产的互联互通程度较低,数据资产的评估定价缺乏标准和依据。政府应发挥"裁判员"的作用,编制相关数据资产定价方法和方案,建立评估标准体系。一是充分调研数据资产的价值形成机制,厘清数据挖掘采集、处理转换、分析建模中的直接成本和间接成本,结合数据资产的特性创新定价方法。二是区分数据资产的所有权

---

① ESG 是 Environmental(环境)、Social(社会)和 Governance(治理)的缩写,是一种关注企业环境、社会、治理绩效而非财务绩效的投资理念和企业评价标准。

和使用权,借助隐私计算、迁移学习等方法交易数据资产使用权,采用不同业务场景相结合的方式量化数据资产使用收益,形成可推广标准,促进互联网金融平台间信息交易。三是制定和规范数据资产的交易流程,利用区块链等技术保障数据资产交易流转过程的安全、透明和公正,防控数据资产交易风险。四是要健全市场上的数据资产定价机制,研究以市场为导向的数据资产交易,促进数据资产自由流动和充分共享。

(六) 创新数据治理理论技术,增强数据治理能力

人工智能算法提高了分析预测精度和效率,但忽视了因果关联,在辅助决策时往往会造成偏差。互联网金融平台应在已有"人工＋小数据"分析技术的基础上,创新"人工＋智能"的数据治理模式,增强数据治理能力。一是要梳理总结传统"小数据"分析的优势和经验。二是紧密结合金融科技发展,将非结构化、半结构化数据纳入分析范围,利用大数据和人工智能技术的实时性和预测性,拓展数据分析维度,提升数据融合治理的能力和效率。三是深入发掘"人工"和"智能"的优势和特长,进行动态优化组合,形成"人工＋智能"的数据治理模式,增强决策能力。四是注重运用现代信息技术,如人工智能、因特网、大数据等,共同提高数据治理和治理现代化。

(七) 动态评价数据治理效果,提高数据治理质量

推动互联网金融平台建立数据治理的动态评价与反馈体系,不断迭代和提升数据治理水平,树立以质量和效率为核心的数据治理理念。一是通过管理机构对平台数据治理的安全、规则、标准、人才、方法等全流程实施的效果进行定期或不定期的评价,反馈信息帮助互联网金融平台巩固优势、改进不足,推动数据治理工作的动态优化。二是促使数据治理文化贯穿于互联网金融平台的内部要素治理和边界管理运营工作中,打造平台多主体协同参与、共享利益的数据治理生态体系。三是加强对网络金融监管的技术支撑,力求实现在线监管、实时监控和准确评价。四是积极探索和加强互联网大数据技术的应用,逐步实现数据治理的有效性、针对性、科学性和预见性的动态评价体系。

(八) 聚合金融平台资源,打造新型的数据治理人才体系

政府要利用金融科技发展带来的人才效应,聚合资源优势,制定人才战略,组建数据治理团队,培养招募数据治理人才,改善数据治理的人才相对缺乏的局面。

一是从宏观层面预测数据治理的人才需求，结合江苏省相关学科教育研究现状和人才引进情况提前布局，筑牢人才保障体系。二是推动由互联网金融平台领导层牵头，从战略层面出发整合资源，推动数据分析人才、业务人才、管理人才围绕数据治理形成合力。三是鼓励平台组建长期稳定的数据治理团队，以挖掘内部人才为主，招募外部人才为辅开展人才培养工作，将组织管理、技术开发、执行评价等工作体系化，设置匹配的团队治理考核与激励机制，打造人才梯队。四是建立完善的人才培养体系，为互联网金融平台数据治理的发展提供人才支撑。